Der 1. FC Köln

Hans Reski

Der 1. FC Köln

Die Diva vom Rhein

Kiepenheuer & Witsch

Umschlag Hannes Jähn, Köln
Gesamtherstellung May + Co, Darmstadt
ISBN 3 462 01752 7

Inhalt

Anhang

Mal Sympathisant, mal Kritiker

Hans Reski beschreibt in seinem Vorwort seine persönliche Beziehung zum 1. FC Köln und das Verhältnis zwischen der Kölner Presse und dem Verein.

Es war im Jahre 1951. Täglich kam ich auf dem Rückweg von der Schule – ich war gerade sieben Jahre alt – am Möbelhaus Weber in der Sülzburgstraße vorbei, einer Straße im Herzen von Sülz-Klettenberg, der Heimat des 1. FC Köln. Während meine Kameraden sich im gegenüberliegenden Zeitungsladen »Akim« und »Sigurd« kauften, holte ich mir meine Lektüre bei Frau Weber, der Inhaberin des Einrichtungsgeschäftes.

Sie besaß nämlich etwas, das meinen Eltern in dieser Zeit noch zu teuer war – ein Abonnement des *Kölner Stadt-Anzeiger*. Da das Geschäft der Webers gut florierte, war die Frau am Morgen oft so stark beschäftigt, daß sie bis um 12 Uhr – dem Erscheinungstermin des kleinen Zweitlesers – selbst die Zeitung noch nicht gelesen hatte. Mißmutig zog ich dann von dannen und drangsalierte meine Mutter so lange, bis die Zeitung auch bei uns in der Gerolsteiner Straße täglich im Briefkasten lag.

Warum ich so verrückt nach dem Stadt-Anzeiger war? Ich war ein »Sport-Jeck« – O-Ton meiner Mutter. Jeden Tag ärgerte sie sich nun, daß sie die teure Zeitung bestellt hatte, ich meinen Kopf aber nur in eine bestimmte Seite steckte, in den Sportteil nämlich. Meine großen Idole waren damals Frans de Munck und Hans Schäfer.

Und die wollte ich, nachdem ich schon so viel über sie schwarz auf weiß gelesen hatte, nun endlich auch live und in Farbe sehen. Also fuhr ich nach Müngersdorf, mit dem Wipp-Roller. Den Lindenthal-Gürtel runter, quer durch den Stadtwald, dann über die Militärringstraße. Heimlich natürlich. Und im Stadion? Da kannte ich alle Schlupflöcher, die der Zaun um die Arena hatte.
Zum Glück gab es noch keinen Drahtkäfig um das Spielfeld. Damals dachte noch niemand an Rowdytum. So durfte ich als Knirps stets auf der rot-weiß getünchten Mauer am Spielfeldrand Platz nehmen, hatte einen Logenplatz zum Null-Tarif.
Aber besser wäre es gewesen, ich hätte mich nicht so weit über die Mauer gehängt. Denn eines Morgens fragte mich meine Mutter, seit wann ich denn in der Nase bohre. Den Hintergrund für diese Frage lieferte meine ältere Schwester, die abwechselnd im Roland-Kino auf der Berrenrather Straße und im Corso auf der Dürener Straße als Platzanweiserin jobbte. Sie hatte ihr Brüderchen in der »FOX tönenden Wochenschau« entdeckt – in Großaufnahme, nasebohrend auf der rot-weißen Mauer im Müngersdorfer Stadion.
So wurde ich von Mutter und Schwester 1951 schon als FC-Sympathisant entlarvt. FC-Präsident Peter Weiand dagegen hielt mich 30 Jahre später einmal für einen FC-Feind. »Der will den Klub zerstören«, glaubte er. Sein Vorgänger Oskar Maaß hatte bei meinem ehemaligen Chefredakteur Helmut Eickelmann sogar mal fernschriftlich meine Entlassung gefordert: »Wann trennen Sie sich endlich von dem Brunnenvergifter?« Maaß, ein impulsiver Mann, rief mich dann allerdings einige Wochen später an und beglückwünschte mich überschwenglich zu einem anderen Artikel: »Sie haben dem FC ein Denkmal gesetzt.«
»Einen Brunnen?« fragte ich zurück.
Sympathisant ja, aber ein rechter FC-Fan wurde ich in meiner Jugend nicht. Auch daran ist eigentlich meine Mutter schuld. Nach meinen heimlichen Ausflügen bekam ich erst mal Stadion-Verbot. Nicht, weil sie befürchtete, daß ich Krawalle anzetteln würde, sondern weil sie meine Wipp-Roller-Touren über die Militärringstraße für zu gefährlich hielt. Und dann, als ich es meinen Idolen gleichtun wollte, ließ sie mich auch nicht zum FC. Statt des rot-weißen Trikots mußte ich das blau-weiße anziehen – das des Nachbar-Klubs in Lindenthal.

Die gute Frau glaubte nämlich in ihrer sportlichen Unkenntnis, daß es im Klub des vornehmeren Stadtteils auch die feineren Leute gäbe. Ein Irrtum: Denn die Kinder der Sülzer »Palantermannsgaß« – einer damaligen Arbeiterstraße, die heute in erster Linie von Studenten bewohnt wird – waren in beiden Klubs zu finden und gaben in beiden den Ton an.
Die Palanterstraße, ironisch auch »rue de Palanter« genannt – war ein gutes Pflaster für sportliche Talente. In dieser Gegend, wo seinerzeit Kommunisten den Widerstand gegen die Braune Macht probten und den Nazis gern den Inhalt ihrer Nachttöpfe aus den Fenstern auf die Uniformen kippten, wuchsen auch widerstandsfähige Athleten heran wie der Boxer Peter Müller, viele Rad-Asse und Fußball-Größen.
Da allerdings die größeren Talente beim FC spielten, bekamen wir von Blau-Weiß – obwohl wir auch nicht schlecht waren – meist einen auf den Deckel. Und dann gab es da auch noch den VfL 99 Köln. Auch ein Alptraum. Da verloren wir immer.
Als ich dann später Volontär bei der »Neuen Rhein-Zeitung« war, hatte ich es immer noch mit dem VfL in Weidenpesch zu tun. Denn zum großen 1. FC ging natürlich mein damaliger Chef, der Herr Redakteur, höchstpersönlich.
1966, als ich zum EXPRESS kam und mich wieder intensiver mit dem 1. FC Köln beschäftigte, hatte sich die Berichterstattung über den Sport geändert. Die Bundesliga war gegründet. Die Spieler waren zu Großverdienern geworden, ihr Stellenwert in unserer Gesellschaft gestiegen, sie hatten in der Popularität und in den Gagen die langsam verblassenden Leinwand-Idole wie O. W. Fischer oder Maria Schell abgelöst.
Fußball war »in«, Fußball war »chic«. Das Geschäft florierte. Vor allem beim 1. FC Köln. Vom Nobel-Klub war die Rede. Doch da gab es auch eine Kehrseite. Denn was die feinen Leute machen, interessierte die Leute schon immer mehr als das Leben der Normalverbraucher.
Das Treiben hinter den Kulissen wurde von der Journaille nun mehr beobachtet, als es den Machern des Bundesliga-Busineß recht sein konnte, zumal sich dort, des Erfolges wegen, Dinge ereigneten, die sich am Rande der Legalität bewegten.
Zwischen der Presse und den Klubs mußte es demzufolge einfach zu Spannungen kommen. In Köln wurden Meinungsverschiedenheiten,

der Mentalität entsprechend, vielleicht etwas lautstärker ausgetragen als anderswo. Verbalinjurien an der Theke waren keine Seltenheit. Doch daraus zu schließen, wie es Bayern Münchens Manager Uli Hoeneß tat, in Köln sei die Beziehung zwischen den Journalisten und dem 1. FC Köln nun besonders zerrüttet, ist ebenso unrichtig wie unsinnig. Vor allem, wenn man Hoeneß' Vorstellung von einer »gedeihlichen Zusammenarbeit« kennt. Er hält sie nämlich nur für möglich, »wenn der Klub die Zeitungen im Griff hat« (so schilderte er mal die Münchner Verhältnisse).

Aber eine »Hofberichterstattung« gab es in Köln eigentlich noch nie. Zu diesem Thema schrieb der Kölner Verleger Alfred Neven DuMont am 10. Juni 1985 dem Verwaltungsrat-Vorsitzenden des 1. FC, Ferdinand Mülhens, folgendes als Antwort auf eine Beschwerde über die Berichterstattung im Kölner Stadt-Anzeiger und im EXPRESS:

> *»Wenn es mitunter zu Meinungsverschiedenheiten über diese oder jene Veröffentlichung gekommen ist, so liegt es sicher daran, daß die Betrachtungsweise unterschiedlich ist. Sie räumen überdies selbst ein, daß auch der 1. FC Köln gegenüber der Presse nicht immer eine glückliche Hand gehabt hat. Auf der anderen Seite hat die Presse nach ihrem Verfassungsauftrag die Öffentlichkeit umfassend zu informieren. Das schließt auch solche Ereignisse ein, an denen Kritik auszusetzen ist. Nur wenn eine Zeitung diese Aufgabe erfüllt, bleibt sie ihren Lesern gegenüber glaubwürdig und wird zum Beispiel auch von den Anhängern des 1. FC Köln ernst genommen.«*

Unter dieser Prämisse haben wir auch dieses Buch herausgegeben. Herausgekommen ist eine kritische Liebeserklärung, die den Freunden des 1. FC Köln, aber auch den weniger am Fußball interessierten Bürgern, einmal einen umfassenderen Einblick in diesen Klub gewährt, als ihn die tägliche Zeitungs-Berichterstattung geben kann.

Meist Sympathisant – aber manchmal auch Rebell, das waren in ihrem Herzen alle schon mal, die an diesem Buch mitgearbeitet haben. Selbst der größte Geißbock, Toni Schumacher, drohte einst: »Wenn die so weitermachen, dann komme ich mit der Planierraupe ins Geißbockheim.«

Ob geliebt oder gehaßt, das ist in Köln nicht so bedeutend. Denn das ändert sich bei den rheinischen Stimmungsmenschen von heut auf

morgen. Wichtig ist, daß über den Klub gesprochen wird, daß das Interesse wachgehalten wird.
Das ist auf der einen Seite leichter als Anno 1951, wo mancher aus Geldmangel noch um eine Zeitung betteln mußte. Es ist auf der anderen Seite heute schwerer, weil 1986 die Unterhaltungsmöglichkeiten reichhaltiger geworden sind, die Jugendlichen bequemer. Wer fährt heute noch mit dem Wipp-Roller ins Stadion? Wer denkt noch an die »FOX tönende Wochenschau«, wo es Tages- und Sportschau gibt?

Oben: Die Mannschaft des 1. FC Köln von 1950. O.v.li.: Obmann Bolg, Langen, Nußbaum, Weyer, Butscheid, Weisweiler (Spielertrainer), Alexius, Graf. U.v.li: Nagelschmidt, Lehmann, Schäfer, Bars

Unten links: Der junge Trainer

Unten rechts: 1978 mit Pokal- und Meisterschale

Der Pate

Warum der Geißbock Hennes heißt und Weisweiler der beste Trainer für den 1. FC Köln war, beschreibt Ulfert Schröder

Sportschule Duisburg-Wedau. Sommer 1975. Die Sonne scheint. Ein leichter Wind kräuselt das brackige Wasser des Regattasees. Prominenz wandelt über die sauber geharkten Wege der Sportschule. Hennes Weisweiler und die Stars des CF Barcelona.

Weisweiler hat seine neue Mannschaft zur Saisonvorbereitung auf heimisches Terrain geholt. Auf *sein* heimisches Terrain. Beim Spielchen des ersten Beriechens und Abtastens hat er also Platzvorteil. Typisch Hennes.

Der wichtigste Mann fehlt noch. Johan Cruyff. Er kommt von zu Hause, aus Amsterdam. Die Mannschaft und der Trainer sind aus Barcelona hergeflogen. Jetzt wartet die Truppe auf ihren Chef.

Chef? Wer ist hier der Chef? Weisweiler oder Cruyff? In der Tat, das ist die Frage.

Sie hatten sich schon gegenseitig abgeklopft. Die Möglichkeiten eines Arrangements sondiert. Bei einem guten Abendessen in Barcelona. Weisweiler hatte gerade seinen Vertrag unterschrieben. Aber beide wußten: klar war nichts.

»Herr Weisweiler ist gewiß ein sehr guter Trainer«, hatte Cruyff gesagt und dabei die rechte Augenbraue süffisant nach oben gezogen, »aber ob er auch für den CF Barcelona ein guter Trainer ist, das wird sich zeigen.«

Jetzt fährt er vor. Mittlerer Bahnhof für den Star. Autogrammjäger, Kameras, Reporter mit Kugelschreibern im Anschlag. Weisweiler schüttelt ihm die Hand. »Hallo, Johan, jetzt sind wir komplett.«

Für den Nachmittag sagt der Trainer ein kleines Spielchen an. Weisweiler will sichten und aussortieren. »Mein Knie«, sagt Cruyff beim Mittagessen, »Trainer, mein Knie ist noch nicht o.k. Ich hab' wieder Schmerzen.«

Weisweiler schaut auf. Wirft die Stirn in Falten. »Gut, daß Sie das sagen, Johan. Der Arzt muß sich drum kümmern. Und bei unserem Spielchen, na ja, da machen Sie eben nur eine Halbzeit.«

Cruyff lächelt zufrieden in seine Suppe.
Hennes mimt den Schiedsrichter. Es ist heiß. Aber die Stars schenken sich nichts. Für viele Spieler bedeutet ein neuer Trainer auch neues Glück, eine neue Chance.
Nach 45 Minuten pfeift Weisweiler zur Halbzeit. Die beiden Mannschaften gehen in die Kabine. Zehn Minuten, fünfzehn Minuten Pause. »Los Jungs, wir machen weiter«, sagt Hennes. Sie gehen wieder raus. Cruyff bleibt sitzen, zieht sich aus, redet mit ein paar spanischen Journalisten.
Er ist noch nicht unter der Dusche, hat die Hose noch an, nur ein bißchen mehr als fünf Minuten sind vergangen, da hören sie Getrappel von Fußballschuhen im Gang. Die Mannschaften kommen zurück.
»Der Trainer war gnädig«, sagt einer, »die zweite Halbzeit hat er nach fünf Minuten abgepfiffen.«
Cruyff wendet sich ruckartig ab. Die goldenen Kettchen an seinem Hals klirren. Er hat verstanden. Der Trainer hatte ihm zeigen wollen, wer der Chef ist.
Keine andere der tausend Geschichten und Legenden aus Hennes Weisweilers Leben zeichnet diesen Mann besser. Seinen Charakter. Seine Denkweise. Seine Vorstellungen von Autorität und ihre Anwendung. Keine andere Geschichte gibt so deutlich zu erkennen, wie zwiespältig dieser Mann, wie doppeldeutig seine Handlungsweisen waren.
Ganz richtig, sagen die einen. So muß man diese Stars behandeln. Vor allem den Cruyff. Die Primadonna. Sie müssen gleich im ersten Augenblick merken: den Trainer können sie nicht zum Hanswurst machen. Sie müssen sehen: aha, hier geht's lang.
Zynismus, blanker Zynismus, sagen die andern. Ein offenes, klares Gespräch mit Cruyff wäre nicht nur fair, es wäre der Situation entsprechend und der weiteren Entwicklung der Beziehungen zuträglich gewesen.
Vom ersten Augenblick an, sagen sie, hat Weisweiler den im Grunde natürlichen Machtkampf zwischen Trainer und Star in den Hintergrund verlegt.
Weisweiler, das war stets Feuer und Wasser in einem Topf, Nein und Ja in einem Wort, Freund und Feind in einer Person.
Kaum ein anderer hat sich so hingebungsvoll und fanatisch mit Fuß-

ball befaßt, hat so tiefschürfend darüber nachgedacht, so hochfliegende Pläne gemacht. Und keiner war in der Lage, Fußball so simpel, so brutal auf den kürzesten Nenner zu bringen: du oder ich.

»Er ist der größte Trainer aller Zeiten«, sagte Pele über ihn. »Menschlich ist er mies«, sagte ein anderer seiner Spieler, sagte Jürgen Glowacz, der vor Weisweiler von Köln nach Leverkusen floh, wie Heinz Flohe von Köln nach München, wie Wolfgang Overath von Köln in den Ruhestand.

Hennes Weisweiler hat unendlich viele Titel gewonnen, in Mönchengladbach, in Köln, in New York, in Zürich. Überall hatte er Erfolg, auch in Rheydt, auch bei Viktoria Köln, auch beim CF Barcelona. Aber wahrscheinlich wurde dieser Weisweiler, dieser ungewöhnlichste Typ einer ungewöhnlichen Branche, zum Beweis der Notwendigkeit einer gefährlichen Synthese: der größte Trainer aller Zeiten und menschlich mies zu sein, schließt einander nicht aus. Im Gegenteil, das eine bedingt das andere.

Weisweiler hat gelebt wie ein Fürst, gearbeitet wie ein Pferd, Ideen produziert wie ein Weiser, Fehler gemacht wie ein Anfänger, er hat die Gläser geleert bis auf den Grund und die Menschen aus seinem Leben geschnippt wie die Asche von der Zigarre.

Er hat mit den größten Stars gearbeitet. Mit Beckenbauer, Pele, Cruyff, Overath, Netzer, Neeskens, Chinaglia. Er hatte mit allen seine Kräche. Nur mit Beckenbauer und Pele nicht. Aber mit allen hat er sich, als sie ihm nicht mehr im Wege standen, wieder vertragen.

Er hat nur den Erfolg gesehen, nur seine Ziele. Er konnte sentimental sein bis zur Rührseligkeit. Aber er kannte keine Sentimentalitäten.

Seinen Trainer-Schein machte er bei Sepp Herberger an der Sporthochschule in Köln. Das war Ende der vierziger und Anfang der fünfziger Jahre. Weisweiler spielte beim 1. FC Köln und trainierte die Mannschaft auch.

»Das meiste, was ich erreicht habe, verdanke ich Sepp Herberger«, sagte er viele Jahre später.

Dennoch trennte er sich von Herberger genau in jenem Augenblick, in dem ihm der Alte seinen Posten anbot.

Das geschah 1955. Weisweiler hatte keinen Klub. Von 1952 bis 1954 hatte er den Rheydter SV trainiert. Dann holte ihn Herberger an die Sporthochschule. Als seinen Assistenten, als Dozenten. »Ein Jahr lang habe ich ausschließlich für Herberger gearbeitet«, erzählte Weisweiler später in seinen Erinnerungen, »und nach diesem Jahr schlug mir Herberger vor, ich solle mich entscheiden. Ich solle sein Assistent auch innerhalb des DFB, seine rechte Hand als Bundestrainer werden.«

Es fällt nicht schwer, sich diese Szene vorzustellen. Die beiden zusammen am Tisch. Der Alte und der Junge. »Er behandelte mich immer wie einen Sohn«, entsann sich Weisweiler später.

»Hennes, Sie werde mein Assistent«, mag Herberger damals gesagt haben, »mein' rechte Hand. Und Sie wisse, was das bedeutet.«

Natürlich wußte Hennes. Herberger hatte ihm soeben seine Nachfolge, also den Posten des Bundestrainers, angeboten. Denn von Otto Nerz in den zwanziger bis zu Jupp Derwall in den siebziger Jahren war stets der Assistent auch der Nachfolger des Bundestrainers geworden.

Allein dieses Angebot galt als höchste Auszeichnung, die ein Trainer erhalten konnte. Herberger ernennt einen jungen Mann zu seinem Nachfolger. Herberger erwartete damals nichts anderes als ein freudiges Nicken, ein »vielen Dank, Chef«.

»Ich habe lange überlegt«, erzählte Weisweiler, »aber ich habe dann doch den anderen Weg eingeschlagen. Ich wollte lieber an der Hochschule bleiben und gleichzeitig einen Klub trainieren. Ich schätzte die Freiheit eines Vereins-Trainers. Ich wollte mein eigener Herr sein. Diesen Entschluß habe ich eigentlich nie bereut.«

Herberger war erstaunt und enttäuscht. Er war es gewohnt, daß sich seine Wünsche stets mit jenen seiner Spieler, seiner Trainer, »seiner Männer« deckten. Und der Posten des Bundestrainers wird einem Manne nur einmal im Leben angeboten.

Weisweilers Ablehnung war ganz und gar ungewöhnlich, unbegreiflich für die meisten. Außerdem verlangte sie Mut, Selbstbewußtsein und eine sehr klare Vorstellung von den eigenen Fähigkeiten und den eigenen Absichten.

Zwei Bilder von Weisweiler decken sich nicht. Der Jüngling, der in seiner Jugend schon viel reiste, sehr früh die Grenzen seiner engen Welt überschreitet, Erfahrungen und Eindrücke sammelt. Bindungen sucht und findet. Weltoffenheit im wirklichen Sinne des Wortes erlebt. Und der Mann, der für alles steht, was bodenständig und kölsch ist.

Der auf dieser Erde festgemauert ist wie die Domtürme. Den sie »de Buur« nennen, den Bauern. Der aus Überzeugung den Dialekt seiner Heimat spricht und sein Bier, das »Kölsch«, nur dort trinkt, wo es ihm auch von einem »Köbes« serviert wird.

Erst sehr spät hat Weisweiler zu erkennen gegeben, wie wenig er dieses Bild vom »kölschen Hennes« mochte. Als er seine dritte Frau, Gisela, kennenlernte, begann er ganz behutsam, diesem Bild entgegenzuwirken. Mit der Sicherheit des Menschen, der seine gesamte Umwelt über das Gefühl, durch den Bauch sozusagen, erfährt und erlebt, erkannte Hennes Weisweiler, wie diese Umwelt ihn sah und was er tun mußte, um diese Ansicht zu ändern.

Als er einen Streifzug durch seine Erinnerungen machte und einiges davon niederschrieb, bemerkte er darüber: »Ich muß ein Vorurteil ausräumen. Es hat mich schon geärgert, als ich noch in Barcelona war. Und gerade jetzt, wo ich nach Köln zurückgekommen bin, kriege ich es immer wieder zu hören und zu lesen. Ich meine das Vorurteil von Hennes dem echten, eingefleischten Kölner, der wirklich erfolgreich nur im Rheinland, in Köln oder zumindest nicht weit davon arbeiten kann. Das ist, ich will es zurückhaltend sagen, ziemlicher Unsinn. Köln ist meine Heimatstadt, gewiß, und ich will auch nicht leugnen, daß ich mich in Köln wohler fühle als in vielen anderen Städten dieser Erde. Aber trainieren, ich meine, mit Fußballspielern arbeiten, Mannschaften bauen, das kann ich an jedem Platz der Erde. Es muß nicht unbedingt das Rheinland sein und ich muß nicht unbedingt Kölsch reden. In Barcelona habe ich Spanisch geredet. Schon nach kurzer Zeit jedenfalls. Und als ich in Japan war – mehr als einmal bin ich dort gewesen, um mit japanischen Trainern, mit japanischen Mannschaften zu arbeiten – haben mich diese Spieler und diese Trainer auch verstanden. Ich weiß, dieser kölsche Hennes eignet sich gut als typische Figur für romantischen Lokalpatriotismus. Die Kölner haben eine Schwäche dafür. Und als der Kölner Klubpräsident Peter Weiand in Barcelona war, um mich zu verpflichten, sagte er auch, es sei jetzt Zeit, ich müsse heimkommen, Köln verlange nach mir. Aber eine solche Verpflichtung habe ich gar nicht verspürt, nicht im geringsten. Der Schatten spanischer Palmen war mir mindestens so lieb wie der Schatten der Domtürme. Vom Unterschied der Gehälter hier und dort ganz zu schweigen.«

Hennes Weisweiler hat zu dieser Stadt, zu diesem Köln, ein ganz besonderes Verhältnis entwickelt. Er liebte Köln. Und er empfand die Stadt als ständige Herausforderung, als Reiz. Er rieb sich an ihr, wie er sich ein Leben lang an etwas oder an jemandem reiben mußte.

Kampf, Auseinandersetzung, überwinden, übertreffen, diese Begriffe bestimmten Weisweilers Denken und Handeln. Er brauchte den Kampf, die Auseinandersetzung, die Reibung, um selber zu besonderen Leistungen angestachelt zu werden. Als in Barcelona der Krach mit Cruyff begann, die Luft geladen war und der Holländer den Ausbruch des Gewitters herannahen fühlte, fand er eine überaus treffende Formulierung. »Ach so, Trainer«, sagte Cruyff, »ich verstehe, Sie wollen Krieg.«

Vielleicht ist dieser Kampfgeist, dieser Zwang, sich auseinanderzusetzen, andere zu übertreffen, zu überwinden in Weisweiler durch dieses mächtige Köln geweckt worden. Die große Stadt lag für den kleinen Hennes irgendwo hinter den Nebelschwaden, die morgens über die Kappesfelder von Lechenich zogen. Jedenfalls hat ihn dieses Gefälle oder dieser Anstieg zwischen Lechenich und Köln stets beschäftigt.

»Bauer haben sie mich genannt«, schrieb er, »und das war eigentlich nicht abwertend, nicht beleidigend gemeint. Du bist der Junge vom Dorf, das wollten sie mich spüren lassen und das war nichts anderes als Ausdruck des typischen kölschen Snobismus. Die Kölner haben in ihrem Karnevals-Dreigestirn neben dem Prinzen und der Jungfrau auch einen Bauern. Aber die Kappesbauern, die Kohlbauern, ließen den Unterschied zwischen Kuhstall und Eau de Cologne immer spüren. Das war Unrecht. Und dieses Unrecht haben sie mir ganz besonders angetan, denn Lechenich lag im Süden von Köln, wo ich geboren und aufgewachsen bin, wo ich zur Volksschule und sonntags brav im Matrosenanzug zur Kirche gegangen bin, dieses Lechenich ist nie ein Dorf gewesen. Es war immer ein kleines Städtchen der Kaufleute und Händler. Im ganzen Ort gab es drei Bauern, und die Leute in der Umgebung nannten uns die ›Wengbüggele‹, was soviel wie Windbeutel heißt.«

Flugabwehr. In Greifswald an der Ostsee wurde er ausgebildet. Als Scheinwerfer-Spezialist. Im Emsland, bei Quakenbrück, hat er mitgeholfen, englische und amerikanische Bomber abzuschießen.

Das Kriegsende erlebte Weisweiler als Soldat bei der Flugabwehr in

Danzig und gerät in Gefangenschaft. Im Lager schleicht er sich unter die Zivilgefangenen. Wird entlassen, arbeitet bei einem Anstreicher, tauscht ein Päckchen Tabak gegen ein Fahrrad, radelt von der Elbe an den Rhein – geht keineswegs »zo Foss«, zu Fuß also, nach Kölle – und stolpert eines Morgens in einer langen, müden, hungrigen Menschenschlange über die hölzerne »Patton-Bridge«, die Köln rechts mit Köln links verbindet.

Fußball, würde es ihn wieder geben?

Hennes Weisweiler sorgt dafür, daß es ihn gibt. Er kommt nach Lechenich, findet dort eigentlich alles so, wie er es verlassen hat.

Er tat bei der Wiederbelebung des Fußballs in und um Lechenich eigentlich dasselbe, was er später in Köln, Mönchengladbach, in Barcelona, in New York, in Zürich tat. Er nutzte alle verfügbaren Mittel – und dabei liegt die Betonung auf alle –, um aus zwölf oder fünfzehn Spielern eine Fußballmannschaft zu machen.

In Lechenich, da waren es die üblichen Nachkriegs-Abenteuer. Weil der Vater bei der Braunkohle war, gab's Briketts. Der Lebensmittelhändler verstand sich als Fußballmäzen. Der Fleischbeschauer des Ortes auch. Man hatte Verbindungen zur französischen Besatzungszone. Dort hatten sie Champagner, aber keine Briketts und keine Kartoffeln. Keinen Kappes, keine Zuckerrüben wie in Lechenich.

Die Voraussetzungen konnten also nicht besser sein. Aus dem ganzen Rheinland holte Weisweiler die Fußballspieler zusammen. Die schon heimgekehrten Soldaten und die Jünglinge, die der Krieg verschont hatte. Zehn bis fünfzehn Zentner Kartoffeln waren die Monatsgabe, und dafür spielte sogar der spätere Weltmeister Hans Schäfer in Lechenich. Dank der französischen Kontakte lagen machmal bis zu 1000 Flaschen Schampus auf dem Klub-Konto.

Lechnich und Hennes Weisweiler spielten gegen den Meidericher SV, vor 5000 Zuschauern gegen eine schottische Soldaten-Auswahl, und ihre Siege feierten sie in der Wirtschaft von Willi Lövenich vom Abend bis zum Morgengrauen, denn zwischen acht und sechs war Ausgangssperre.

Aber Köln, diese Stadt, die den jungen Hennes gereizt, die Abitur und Studium von ihm verlangt hatte, die Herausforderung und Sehnsucht gewesen war, zog ihn wieder zu sich.

In dem klapprigen Opel P 4, in dem er Kartoffeln, Kappes, Rüben,

Champagner, Freunde, Fußballspieler, Mädchen und seine Hoffnungen transportiert hatte, fährt er wieder zum KBC.
Am 13. Februar 1948 vereinigt sich dieser KBC mit einem anderen Stadtteil-Verein, dem SV Sülz 07. 1. FC Köln heißt der neue Klub. 48 Stunden später bestreitet er sein erstes Spiel vor 2432 Zuschauern gegen Nippes 12. Mit Hennes Weisweiler als linkem Läufer.
Die Mannschaft wird anfangs noch streng nach Proporz aufgestellt: sechs vom KBC, fünf von Sülz 07. Dennoch wären die Kölner beinahe gleich im ersten Jahr in die höchste Klasse, die Oberliga West, aufgestiegen. Aber Weisweilers Mannschaft verliert das entscheidende Spiel gegen Rhenania Würselen (wo damals der spätere Bundestrainer Jupp Derwall spielte) 0 : 1.
Und Kölns »Neue Rhein-Zeitung«, beliebt wegen ihres guten Sportteils, kommt am Montag mit einer traurigen Nachricht heraus. HENNES WEISWEILER TOT. »Wir trauern um den sympathischen Sportler Hennes Weisweiler, der seinen schweren Verletzungen erlegen ist«, schreibt das Blatt.
Weisweiler hatte einen Schädelbruch erlitten, lag drei Wochen im Krankenhaus, ließ sich seinen schwarzgeränderten Nachruf einrahmen und übers Bett hängen und war ein Jahr später nicht nur Spieler, sondern auch Trainer beim 1. FC Köln.
»Warum sie gerade mich zum Trainer machten?« fragt er sich dreißig Jahre später und findet:
»Selbstverständlich war das nicht. In der Mannschaft spielten mindestens fünf besser als ich. Darunter Hans Schäfer. Aber ich besaß offenbar mehr Durchsetzungsvermögen. Ich machte mir mehr Gedanken über Fußball. Ich entwickelte eigene Ideen. Zum Beispiel machte ich den Linksaußen Graf zum Verteidiger und entwickelte daraus eine spezielle Taktik. In einem anderen Spiel ließ ich mit Doppelstopper spielen. Das war damals eine absolute Neuheit. Die Mannschaft akzeptierte meine Ideen, und sie akzeptierte mich. Der Geißbock jedenfalls, den uns die Zirkusdirektorin Carola Williams bei der Karnevalsfeier des Klubs schenkte, wurde auf den Namen Hennes getauft. Ganz zünftig. Nachts um zwei, in der Unkelbach-Bar, wo wir alle unsere Siege feierten. Wir gossen der Geiß Sekt über die Hörner, fingen die Köttel im Kübel auf und seitdem heißt jeder neue Bock Hennes und der 1. FC Köln ist der Geißbock-Klub.«

Wegen einer ziemlich schweren Leistenverletzung hört Weisweiler 1952 mit der Spielerei auf. Auch Trainer will er in Köln nicht mehr sein.
»Die Kölner und ich, wir hatten uns abgenutzt«, schreibt er Jahre danach.
Jetzt beginnt die Zeit, in der er Köln, diesen 1. FC Köln, der für ihn diese Stadt symbolisiert, umkreist wie ein Tiger. In der ihn die Liebe zu dieser Stadt quält und ihn ebensooft der Haß übermannt. Er kommt und er geht wieder. Er fühlt sich herangezogen und abgestoßen, aufgesogen und ausgespuckt.
Mit dem Rheydter SV, im Bannkreis Kölns beinahe, steigt er auf und wieder ab. Und kommt nach Köln zurück. Von 1955 bis 1958 trainiert er wieder seine Geißbock-Mannschaft. Und geht wieder.
Aber diesmal lebt er Haß und Liebe, Herausforderung und Kampf, noch tiefer und hemmungsloser aus. Er geht zu Viktoria Köln, auf die andere Seite, die sie herablassend die »schäl Sick«, die scheele Seite des Rheins, nennen. Dorthin auch, wo sie sich die Bäuche gehalten hatten vor Lachen und wo sie gekocht hatten vor Wut über die Frechheit und Anmaßung, einen Klub den »ersten FC Köln« zu nennen.
Hier verdingte sich Hennes Weisweiler als Trainer, baute sich sozusagen vor dem 1. FC Köln auf als unablässige Herausforderung und sah diesen 1. FC Köln auf der anderen Rheinseite ebenso Tag und Nacht als Gegenstand heimlicher Liebe und unverhohlenen Hasses vor sich.
Viktoria und Hennes Weisweiler feierten ihre Siege und die Niederlagen des 1. FC Köln, feierten sie mit derselben Inbrunst. Weisweiler bewohnte mit einem Mann des 1. FC-Vorstandes ein Zwei-Familien-Haus, und da konnte es geschehen, daß die Viktorianer verloren hatten und der 1. FC auch, daß aber Weisweiler und seine Spieler bis spät in die Nacht Triumphgesänge schmetterten.
Ein schlechter Verlierer sei Weisweiler. Diese Überzeugung gewannen die Kölner damals. »Das stimmt nicht ganz«, erwiderte Weisweiler Jahre später, »ich leide unter Niederlagen nur länger als andere. Ich quäle mich, ich grüble. Das kann eine Woche dauern oder zwei.«
In jeder Form von Spiel, von Wettbewerb, lebte Weisweiler den Prinzipien seines Lebens nach, folgte dem Leitmotiv seiner Gefühle: Herausforderung und Genugtuung, Kampf und am Ende Sieg um jeden Preis. Stellte sich dieser Sieg nicht ein, war Hennes Weisweilers Welt

zerstört. Und es dauerte, bis die Trümmer weggeräumt, verarbeitet waren.
Mit Willy Thelen, dem damaligen Sportchef der »Kölnischen Rundschau«, und Kurt Brumme, dem Sportchef des WDR, spielte er Skat. Weisweilers Verbissenheit übertrug sich auf die andern, machte jede Partie zu einem Spiel um alles oder nichts.
Weisweiler schrieb darüber: »Es ging so bitter hart zu, daß sich meine Skat-Erfolge in der Zeitung und in den Ätherwellen niederschlugen. Da wurde dann mein Name wochenlang nicht erwähnt. Und mit allen Tricks wurde gearbeitet. Einmal hatte ich vier Jungs und vier Asse auf der Hand. Kontra, Re und so weiter. Sie hatten mich vorher schon nervös gemacht. Da sagte einer ›Hennes, spiel auf‹. Ich tu das, und gleich schmissen alle die Karten hin. Natürlich durfte ich nicht aufspielen. Vor Wut bin ich aufgesprungen. Der Tisch stürzte um, die Kölschgläser fielen auf den Boden, die Aschenbecher kippten hinterher. Es war eine Bockrunde gewesen. Es ging um 75 Mark. Sie haben versucht, mich zu beruhigen. Aber das dauerte Wochen.«
Gleich im ersten Jahr verlor Hennes Weisweiler mit Viktoria sieben Spiele in Serie. Er will seine Laufbahn beenden, etwas anderes tun, nicht mehr Fußball. Da redet ihm der Vorsitzende des 1. FC Köln, Franz Kremer, gut zu. Das dürfe er nicht tun, sagt Kremer. Gerade jetzt müsse er durchhalten. Der 1. FC Köln kostet die eigene Großmütigkeit aus, führt eine Goodwill-Kampagne für die arme Viktoria und den noch ärmeren Weisweiler.
Als er 1964 seine Arbeit bei Viktoria Köln beendet, bittet ihn Kremer, zum 1. FC Köln zurückzukommen. Aber Weisweiler lehnt ab. Er geht nach Mönchengladbach. Aber wieder bleibt er auf Sichtweite zu seinem 1. FC Köln.
Was er bei Viktoria vergeblich versucht hatte, nämlich eine Mannschaft zu bauen, mit der er den 1. FC Köln niederwerfen, die Herausforderung in Genugtuung wandeln könne, das gelang ihm in Mönchengladbach.
Der Schritt von Viktoria zu Borussia, vorbei am 1. FC, kennzeichnete Weisweiler wie kaum ein anderer. Beim 1. FC Köln konnte er Trainer, Chef der Mannschaft sein. Er würde Macht haben, das wußte er. Aber nicht alle Macht. Und was hätte ihm der 1. FC Köln genutzt? Was hätte er hassen, woran hätte er sich reiben sollen?

Hennes Weisweiler hätte in Köln »in Zufriedenheit« arbeiten können. Doch Zufriedenheit hätte ihn gelähmt, seinen Eifer erstickt. Hennes brauchte dieses Bild: die große Stadt und ihr mächtiger Klub im grauen Dunst. Weisweiler brauchte stets diesen Ausgleich des Zwiespaltes. Er mußte für und gegen etwas arbeiten.
Und er brauchte die Menschen, die er in sein Spiel einordnen, seinen Plänen unterordnen konnte. Stets war er überzeugt: sein Plan ist der richtige. Also mußte jeder, der sich diesem Plan widersetzte, auch Gegner und Zerstörer des großen Ganzen, der gemeinsamen Sache sein.
Wege in der Mitte? Nicht für Weisweiler. Kompromisse? Vielleicht ist er sie eingegangen. Manchmal. Irgendwo, irgendwann. In kleinen Dingen.
Die Auseinandersetzungen mit den Stars seiner Mannschaften, diese Augenblicke, wo der andere laut oder leise sagte, »Ach so, Trainer, Sie wollen Krieg«, diese Augenblicke kamen ganz logisch, ganz selbstverständlich.
Denn ganz zwangsläufig, ganz logisch, stieß der Star irgendwann an jene Grenzen, die Weisweiler für ihn gezogen hatte. Irgendwann paßte der Star nicht mehr in die Schablone, die Weisweiler für ihn geschnitzt hatte.
Das geschah schon früh in Köln mit Zlatko Cajkovski. Der Jugoslawe, klein und drahtig, gehörte zu den elegantesten Mittelfeldspielern, die Köln je besessen hat. Weisweiler verlangte von Tschik, der später auch Trainer in Köln war, einen Gegenspieler eng abzuschirmen, in Manndeckung zu verfolgen.
Das fiel Cajkovski schwer. Als Weisweiler sah, daß er Cajkovski nicht umerziehen konnte, setzte er ihn auf die Bank.
Cajkovski sind drei Wörter aus Weisweilers Mund besser in Erinnerung als alle andern. »Tschik, decken, Arschloch«.
Und Weisweiler erzählte genüßlich die Geschichte von Tschiks Prüfung an der Sporthochschule. »Nennen Sie mir einen berühmten Pädagogen«, bittet der Professor. »Herberger«, sagt Tschik stolz. »Ja, richtig. Aber nennen Sie mir noch einen«, sagt der Professor.
Tschik grübelt und grübelt. »Denken Sie doch an die Schweiz«, sagt der Professor, »da haben Sie doch bei der Weltmeisterschaft auch Fußball gespielt«. Tschik martert sein Hirn, kommt nicht drauf. Der Pro-

fessor gibt's auf. »Pestalozzi«, sagt er. Tschik schaut ungläubig. »Pestalozzi? Nein, Herr Professor, Sie müssen irren. Der hat da nicht gespielt.«

Später waren die Siege über Weisweiler die schönsten für Tschik. Und Hennes schaute auf Tschik stets mit dem gewissen Pestalozzi-Grinsen in den Augen herab.

An allen seinen Stars rieb sich Weisweiler, bis er sie zerrieben hatte. Nur mit Günter Netzer und Johan Cruyff gelang ihm das nicht. Netzer bot keine Fläche, er wich zurück. Weisweilers Zorn fand nur Schweigen als Antwort. Und Cruyff besiegte Weisweiler.

Ursache der Kräche waren stets Meinungsverschiedenheiten fachlicher Art. Weisweiler verlangte, was die Stars nicht erfüllen konnten oder wollten.

Netzer sollte Weisweilers feurigen, wilden, optimistischen Angriffsfußball neunzig Minuten lang mit unvermindertem Tempo spielen. Das sei unmöglich, erklärte Netzer, die Mannschaft und er brauchten Verschnaufpausen. Doch für Weisweiler waren Pausen verlorene Zeit.

Freilich, mit Netzer arbeitete Weisweiler ersprießlich zusammen. Die großen Mannschaften Mönchengladbachs bauten sie gemeinsam auf. Ja, sie arbeiteten sogar Hand in Hand, und nach allen Krächen fanden sie einen neuen Anfang, weil sie die Kräche nicht bis zum bitteren Ende führten.

Netzers charakteristische Struktur erlaubte es ihm, sich ins innere Exil zurückzuziehen, nach neuen Anfängen zu suchen. Diese Fähigkeit des Stars ersparte Weisweiler in Mönchengladbach die Frage »du oder ich?«

Vielleicht deshalb bescherte das Glück dem Günter Netzer einen Triumph, den kein anderer Spieler über Weisweiler feiern durfte.

In Weisweilers eigener Schilderung hört sich das so an: »Auch ein Star muß sich unterordnen. Das erlebte Günter Netzer mit mir und ich mit ihm. Es geschah vor dem Pokalfinale gegen den 1. FC Köln im Juni 1973. Günter hatte einen Muskelriß überstanden und kam, das alte Lied, nur langsam in Form. In der letzten Phase der Meisterschaft verloren wir fast alle Spiele. Mit Netzer. Er mag auch nicht mehr richtig bei der Sache gewesen sein, denn der Vertrag mit Real Madrid war perfekt. Jedenfalls nannte ich Netzer für das Finale lediglich als Reservespieler. Das war bitter für ihn. Einige Spieler standen auf seiner Seite, andere nicht. Unmittelbar vor dem Spiel, in unserem Düsseldorfer Hotel, unten an der Rezeption, wollte er sich von Berti Vogts und Jupp Heynckes verabschieden. ›Also Tschüs, ich haue jetzt ab‹, sagte er. Berti gab ihm recht, Jupp versuchte, ihn umzustimmen. Mit Erfolg. Günter blieb. Ich wollte Günter dann in der zweiten Halbzeit einsetzen. ›Ich spiele nicht‹, sagte er. ›Wie du willst‹, sagte ich. Dann die Pause der Verlängerung. Alle liegen erschöpft auf dem Rasen. Günter geht zu Kulik und fragt ihn: ›Chris, wat is?‹ Und Kulik: ›Ich bin kapott‹. Darauf Günter zu mir: ›Chef, ich spiele jetzt‹. ›Also bitte‹, sage ich. Netzer schoß unser Siegtor.«

Johan Cruyff und Weisweiler, das war dieselbe Affäre. Cruyff soll auch in Auswärtsspielen angreifen, vorwärts marschieren, das Spiel in vorderer Front machen. Doch auswärts dirigiert Cruyff die Mannschaft defensiv. Zu Hause brennt er dann ein Feuerwerk ab.

Weisweiler verkennt die Verhältnisse in Barcelona, überschätzt seinen Einfluß, seine Macht. Er will Cruyff abschieben, verkaufen. Der Vertrag läuft ohnehin aus. Mit Franz Beckenbauer ist er sich schon einig. 3,5 Millionen Mark, heute eine lächerliche Summe, hätte Beckenbauer gekostet. Eine Million netto pro Jahr hätte Franz in Barcelona verdient.

Cruyff kriegt natürlich Wind davon. Er läßt alle seine Beziehungen spielen. Die meisten Zeitungen hat er auf seiner Seite. Er kämpft nicht nur um den Sieg über den Trainer. Er kämpft auch um eine Million Mark. Cruyff gewinnt. Beckenbauer, argumentieren die Bosse von Barcelona, sei zwei Jahre älter als Cruyff. Sie verlängern Cruyffs Vertrag.

Und Weisweiler läßt sich von seinem entbinden.

Seiner Ehre sei er das schuldig gewesen, sagt Weisweiler. Natürlich, am Ende erschien sie als einziger Gegenstand des Kampfes. Cruyffs Ehre, Weisweilers Ehre. Wie zwei Gockel stehen sie sich gegenüber, der Trainer und sein Star. Ob dieses tragikomische Ende zu vermeiden gewesen wäre, das ist nur noch eine sehr theoretische Frage.

Und wer sich an den Nachmittag in Duisburg erinnert, als Weisweiler den Star lächerlich machte, kann die Entwicklung der Auseinandersetzung erahnen und auch das Niveau, auf dem sie geführt werden würde.

»Ich liebe Barcelona. Ohne eine Peseta Lohn würde ich für diesen Klub spielen«, schreit Cruyff ins Mikrophon des Rundfunkreporters und grinst Weisweiler dabei frech ins Gesicht. Das Volk jauchzt. Dagegen gibt's keine Waffen. Auch für Weisweiler nicht.
Was der Trainer erleidet, ist eine komplette, runde Niederlage. Bekkenbauer und Weisweiler oder Cruyff, das hatten die Bosse Barcelonas zu entscheiden. Sie entschieden sich für Cruyff. Basta.
Im Grunde hatte Weisweiler getan, wovor Cruyff ihn stets gewarnt hatte. Er hatte sich in einem Auswärtsspiel zu weit nach vorne gewagt. Denn Barcelona, das war in der Tat ein Auswärtsspiel für den Mann aus Lechenich. Er war nicht gerüstet.
Und er war verwöhnt. In Köln hatte er nur die Nase in den Wind halten müssen, um zu riechen, was die nächste Zukunft bringen werde. Er verstand jeden Unter- und Zwischenton, jedes Schwingen und Vibrieren in der Sprache der Menschen um ihn. Hier war er zu Hause.
Und in Mönchengladbach hatte er sich sein stilles Glück im Winkel selber gezimmert. Der brave Präsident Beyer. Der eilfertige Verwalter Grasshoff. Die gehorsame Presse. Und er, der die Nationalspieler und die Titel serienweise produzierte. Der den Bökelberg auf die Landkarte setzte. Der dem Klub zehn oder mehr Millionen machte. Aufstieg in die Bundesliga, dreimal Meister, einmal Pokalsieger, einmal Gewinner des UEFA-Pokals. Und das alles in den elf Jahren zwischen 1964 und 1975. Ein Lebenswerk. Ein kleines Imperium.
Und dann Barcelona. Weisweiler kam aus seinem hausgemachten Paradies in ein zynisches Verwirrspiel. Ein Klub wie ein Konzern. Zweihundert Angestellte, achtzehn Bosse im Präsidium, tausend Verästelungen, Verzweigungen, Strömungen.
Ein Klub? No Señor, Barcelona es mas que un Club. Barcelona, das ist mehr als ein Klub. Das ist eine Weltanschauung, eine Institution.
Genau hier lag der Unterschied: in Mönchengladbach war Weisweiler die Institution gewesen. In Barcelona war dies der Klub.
Dann zog ihn Köln wieder an sich. Wie das immer gewesen war. Auszug und Wiederkehr. Flucht und Heimkehr. Ausgespuckt und wieder aufgesogen.
Jetzt kam er als der Sohn, dem sie in der Fremde Unrecht getan hatten. Der seine Ehre verteidigt hatte. Die Spanier und ein Holländer hatten ihn aufs Kreuz legen, ihn kleinkriegen wollen. Unseren Hennes. Ha,

sie haben es nicht geschafft. 8000 Zuschauer kommen zum ersten Training Weisweilers.

Das ist im Sommer 1976. In den nächsten beiden Jahren werden sie in Köln »Hennes pur« genießen müssen. Bitter, unverdünnt. Alter, Erfahrung, das Leben haben den Kern dieses Mannes kristallisiert. Früher hatten durchzechte Nächte und fröhliche Tage, stille Stunden und laute Gelage Weisweilers harte Konturen überzeichnet, kaschiert. Jetzt ist er 57, und die Zeit läuft nicht mehr, sie rennt.

Weisweiler hat keinen Grund und keine Zeit mehr, seine Prinzipien, seine Ansprüche, seine Methoden schönzufärben. Jetzt redet er Tacheles mit Köln. Zurück aus der Ferne erscheint ihm Köln nicht mehr als die mächtige Stadt irgendwo hinter den Nebelbänken, die über Kappesfelder wabern. Hennes kennt keine Schüchternheiten mehr.

Köln lernt Weisweiler jetzt kennen wie er sich selber nicht kannte. Nirgendwo hat er das »du oder ich«, das »ich oder ihr« deutlicher, härter, rücksichtsloser ausgesprochen als jetzt.

Er verwirklicht den Kölnern Träume, aber verlangt von ihnen, daß sie ihr Liebstes opfern.

Zweimal gewinnt er den Pokal, einmal wird er Meister. Noch vor dem ersten Triumph bleibt Wolfgang Overath auf der Strecke. Keinen hatten die Kölner mehr geliebt als ihn. Weil er spielte, wie sie fühlten, wie sie lebten. Gewitzt und verschlagen, raffiniert und schlau. Da war immer eine Lücke, durch die Overath schlüpfte, und immer ein Augenblick, in dem er seine Rolle spielen durfte. Zigeunergeiger, strahlender Held, Taschenspieler. Overath hatte viele Gesichter, und alle liebten sie an ihm.

Weisweiler riß den Kölnern ihren Overath aus dem Herzen.

Und er verjagt ihnen den andern Star, er verjagt ihnen Heinz Flohe, als der besorgt hatte, was Weisweiler ihm aufgetragen hatte.

Mit Overath hatte er ein Abkommen getroffen gleich am Anfang. Wenn einer am andern etwas auszusetzen hätte, solle er es sofort und offen sagen. Keine Heimlichkeiten, keine Tuscheleien.

Kaum sieben Monate später schreibt »Die Welt«:

»Die Affäre Weisweiler gegen Overath ist von Anfang an keine saubere Affäre gewesen. Die handelnden Personen und alle andern in ihrem Umkreis wußten das. Aber jeder befleißigte sich, die sogenannte Form zu wahren. Das soll heißen: man sagte einander nicht die Wahrheit.

Vor allem die beiden Hauptpersonen taten das nicht. Dritten gegenüber verrieten sie manchmal, was sie dachten. Aber diese Dritten wurden dann zur Schweigsamkeit verpflichtet. Deshalb stand auch in den Zeitungen niemals die Wahrheit über diese Affäre. Höchstens die halbe Wahrheit. Das wäre alles halb so schlimm, würde das fatale Trickspiel in der Kölner Kulisse nicht den Abgang eines beliebten Stars vorbereiten. Gewiß, im Fußballgeschäft sind andere Gefühle gefragt als Sentimentalität und Romantik. Aber, verdammt noch mal, gibt es nach 81 Länderspielen und über 800 Spielen in der Klub-Elf für Overath keinen anderen Weg als durch diesen knöcheltiefen Unrat? Ist es wirklich nötig, diesen Mann hinauszuekeln, an dessen Fußballkunst der kölsche Lokalpatriotismus fast fünfzehn Jahre lang Klimmzüge machte? Irgendwann im Herbst, schon ein paar Wochen nach seinem Dienstantritt, war Hennes Weisweiler zu der Überzeugung gelangt, Overath stehe dem Erfolg der Mannschaft im Wege. Wegen seiner 33 Jahre könne oder wolle er nicht mehr leisten, was er, Weisweiler, von Overath verlange. Es ist Weisweilers gutes Recht, diese Ansicht zu vertreten. Aber: als Fachmann mußte Weisweiler vorausahnen, wie sich die Dinge entwickeln würden. Schließlich war er nach Köln gekommen, um der Mannschaft seinen Erfolgsstil beizubringen. Aber nach ein paar Wochen empfand Weisweiler, er könne mit Overath nicht mehr reden. Der verschließe sich vor ihm. Und Overath hörte von hier und von dort, über Dritte und manchmal auch über Vierte, was dem Trainer an seinem Spielmacher nicht gefalle. Auf diese Weise lebten sie sich so weit auseinander, daß sie sich schließlich als Feinde wieder gegenüberstanden.«

Nun lagen die Verhältnisse offen. Und wieder schaute das Bild trist, peinlich, erbärmlich aus. Die nach Hans Schäfer berühmtesten Fußball-Söhne der Stadt gifteten sich an. Behaupteten voneinander, »mit dem« seien Siege nicht mehr zu erreichen.

Am 18. Mai 1977 macht Overath sein Abschiedsspiel. Ein rauschendes Fest. Köln zerfließt in Liebe und schönen Erinnerungen.

Am 28. Mai 1977, in Hannover, bestreitet der 1. FC Köln das Pokalfinale gegen Hertha BSC. Overath spielt. Die Partie endet 1 : 1 nach Verlängerung. Am 30. Mai Wiederholung. Overath sitzt auf der Bank. Der 1. FC Köln gewinnt 1 : 0.

Weisweiler hatte also richtig gehandelt. Hatte er?

Weisweiler mit den Stars

Links: Mit Overath

Oben: Mit Netzer

Unten: Mit Cruyff

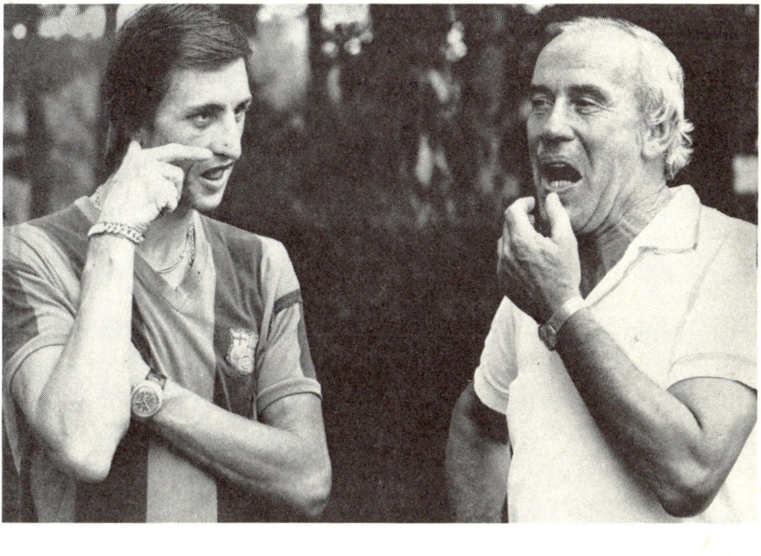

Wieder stießen sich die Grundsätze, die Prinzipien im Universum des Fußballs. Hat der Trainer den Star mit allen seinen Schwächen, Eigenheiten, Wünschen zu akzeptieren und ihn, so wie er ist, in seine Pläne einzufügen? Hat der Trainer das Spiel der Mannschaft auf den Star auszurichten? Oder ist das Gegenteil richtig? Hat sich der Star anzupassen und wenn ihm dies nicht möglich ist, hat er dann zu gehen?
Die Antwort ist nicht beliebig. Die Antwort hängt vom Naturell, von den Ansichten des Trainers ab.
Sepp Herberger ließ seine Weltmeister so spielen, wie Fritz Walter das genehm war.
Die Weltmeister 1974 spielten nach Beckenbauers Gusto.
»Er hat mir die Freude am Fußball genommen«, sagte Wolfgang Overath.
Dem Heinz Flohe gibt er sie. Eine Karriere, ein ganzes Fußballerleben lang hat Flohe im Schatten Overaths gespielt. »Jetzt bist du mein Mann«, sagt Weisweiler, wie Overath verabschiedet ist. Ein Jahr lang genießt Flohe das Glück in vollen Zügen, holt nach, was er so lange entbehrt hat.
Er ist der Chef auf dem Rasen. Und Weisweiler lobt ihn. »Ich bin ihm ewig dankbar«, sagt Flohe. Sie gewinnen den Pokal. 2:0 gegen Fortuna Düsseldorf in Gelsenkirchen. Und sie werden Meister, beenden Mönchengladbachs Titelserie. Punktgleich mit den Borussen. Und nur um drei Minus-Tore besser. Eine irre Bilanz. 48:20 Punkte für beide, 86:41 Tore für Köln, 86:44 für die Borussen.
In der Saison danach läßt Flohes unendliche Dankbarkeit nach. Aus gutem Grund. In Hamburg wird er und wird Herbert Neumann vom Feld gewiesen. Rote Karte. Zur Strafe schließt Weisweiler die beiden vom Training aus. Schickt sie in Urlaub.
»Despotischer und unmäßiger können selbst Merkel und Lorant nicht reagieren«, schreibt eine Zeitung.
Flohe wird verletzt. »Wir freuen uns alle auf den Tag, wo er wieder uneingeschränkt mitwirken kann«, sagt Weisweiler. Jeder versteht den Unterton, die Bedeutung des Wortes »uneingeschränkt«. Auch Flohe hört die versteckt eingebauten Zweifel.
Seine Tage seien gezählt, so hört er aus dem Umfeld Weisweilers und will es nicht glauben. Er sagt, er wolle Köln verlassen, und hört keinen Widerspruch. Der Klub gibt ihn für München 60 frei.

»Ich will Weisweiler schlagen, ich will ihn verlieren sehen«, sagt Flohe vor dem Spiel der Münchener gegen Köln. Nur noch der Haß verbindet die beiden Männer. So haßte Cruyff, so haßte Overath.
Die Luft, in der sich Weisweiler bewegt, wird immer eisiger. Er ist wieder an dem Punkt angekommen. Köln und er, sie haben sich aneinander gerieben bis aufs pure Fleisch. Sie haben sich abgenutzt. Jetzt gehen sie sich nur noch auf die Nerven.
Weisweiler hat keinen mehr in der Mannschaft, der ihn stützt. Höchstens Okudera und Konopka. »Fachlich ist er ein As, menschlich bin ich enttäuscht«, sagt Herbert Neumann. Er sollte Flohes Nachfolger werden. Er sollte . . .
Es kommt nicht mehr dazu. Weisweilers Vertrag läuft aus. Weiand, der Präsident, zögert mit der Verlängerung. Soll er einen Trainer halten, den die Mannschaft nicht mehr mag? Die Frage ist berechtigt. »Habe ich es nötig, Herrn Weiand durch ein paar Siege mehr zu beweisen, daß ich ein guter Trainer bin?« fragte Weisweiler. Die Frage ist berechtigt.
Die Trennung ist unvermeidlich. Weisweiler vollzieht sie. »Ich mußte es tun. Herr Weiand hätte nicht den Mut aufgebracht, mich hinauszuwerfen«, sagt er.
Das alte Spiel. Köln stößt ihn von sich. Noch heftiger als zuvor. Weisweiler geht nach New York. Zu Cosmos. Noch ehe er dort ist, fragen sie ihn: »Trainer, der Star bei Cosmos heißt Chinaglia. Werden Sie sich mit ihm vertragen?«
Und Hennes: »Warum nicht. Wenn er Leistung bringt.« 1980 werden Weisweiler und Cosmos US-Meister. 1981 werden sie Vize-Meister. Beckenbauer ist der Chef im Team. In Weisweilers zweitem Cosmos-Jahr verschwindet Chinaglia aus dem Star-Ensemble. Und steht zu Beginn des dritten Jahres plötzlich wieder auf der Matte. Die Bosse haben ihn zurückgeholt. Weisweiler geht.
Zürich wird seine letzte Station. Und die machte sein Glück vollkommen. Gisela schenkte ihm einen Sohn.
Mit den ›Grashoppers‹ wird Weisweiler noch einmal Meister und Pokalsieger und stirbt. Morgens, am 5. Juli 1983, liegt er tot im Bett.
Die Welt, zumindest die Fußball-Welt, hält eine Sekunde lang den Atem an. Sie bringen ihn nach Köln. In Lechenich wird er beerdigt. 10 000 Menschen versammeln sich vor dem Dom, um zu trauern um Hennes.

Die letzte Annäherung an die Stadt bringt ihn zurück an den Ausgangspunkt. Er ist, was er nicht sein wollte und wogegen er ein ganzes Leben kämpfte, er ist wieder der kölsche Hennes.
Und von Lechenich aus gesehen ist Köln wieder die übermächtige Stadt irgendwo hinter Nebelschwaden über Kappesfeldern.

PUMA – DER STARKE
PARTNER
IM FUSSBALL.
Fußball – Faszination der Massen. PUMA's Beitrag zum schnellen, athletischen und technisch hochklassigen Spiel von heute: STEP STAR – der erste PUMA Fußballschuh mit orthopädischer Funktion.
Mit zweifarbiger, flexibler PUMA DUOFLEX-Sohle, der Sohle mit zwei Gelenkzonen. Gerippt und flexibel wie eine Ziehharmonika. Das ist die totale Anpassung der Schuhsohle an die Fußsohle. Für PUMA's Vereinspartner, für alle, die gern Fußball spielen.
STEP-STAR – der PUMA Fußballschuh der absoluten Spitzenklasse.
PUMA®
... denn PUMA macht's mit Qualität.
PUMA
1. FC KÖLN
PUMA STEP STAR

Hans Schäfer

Mit der Straßenbahn zum Training

Wenn ich heute die jungen Fußballprofis mit ihren Nobelschlitten zum Training fahren sehe, muß ich manchmal an meine frühen Jahre als Fußballspieler zurückdenken. Mit der Straßenbahn bin ich damals von Zollstock nach Müngersdorf zum Training gefahren. Bis 14 Uhr habe ich beim Kaufhof in der Parfümerie-Abteilung gearbeitet, und abends zwischen 20.00 und 22.00 Uhr wurde zweimal die Woche trainiert.

Unser Trainer damals hieß Hennes Weisweiler, der gleichzeitig noch unser Mittelläufer war. Er war zwar nicht unbedingt ein Zauberer mit dem Ball, doch hatte er in jungen Jahren schon unheimlich viel Ahnung vom Fußball, konnte uns hervorragend einstellen und die Spiele analysieren.

Obwohl ihm als Spieler selbst Fehler unterliefen, war er bei der Mannschaft als Trainer unumstritten. Die Doppelrolle meisterte er allerdings auch geschickt. Bei der Manöverkritik bekam meistens als erster der »Spieler Weisweiler« eins auf den Rüssel.

Es war mein erstes Jahr beim 1. FC Köln. Die Saison 1948/49. Eine bedeutende für den Klub; denn am 15. Mai 1949 schafften wir den Aufstieg in die Oberliga West. Nach einem 2:0 in Köln gewannen wir das 2. Entscheidungsspiel gegen Bayer in Leverkusen mit 3:1.

Nun waren wir tatsächlich der Erste Fußball Klub in Köln, um dessen Namen es bei der Taufe am 13. Februar 1948 einigen Ärger gegeben hatte. Andere Vereine der Domstadt hielten die Bezeichnung für »anmaßend«.
Um möglichst schnell in diesen Verein zu kommen, mußte ich als Kölner Junge einen Trick anwenden. Zu der Zeit war es ohne eine einjährige Sperre nicht möglich, innerhalb der Besatzungszonen den Klub zu wechseln. So verließ ich bereits 1946 meinen Stammverein Rot-Weiß Zollstock, der natürlich wie alle Kölner Klubs in der englischen Zone lag und »wanderte« aus – zum VfL Volkmarsen bei Kassel – in der amerikanischen Zone. Bei den Bauern, die mich aufgenommen hatten, habe ich so gefuttert, daß ich vor Kraft fast im nächsten Jahr zu Fuß nach Kölle gehen konnte.
Als Vertragsspieler des 1. FC (320 DM brutto – 230 DM netto) konnte ich meinen Friseur-Job im elterlichen Geschäft in Zollstock beenden, denn durch die schon damals bestehende Verbindung zur Kaufhof AG bekam ich dort eine Volontär-Stelle.
Am 9. 11. 1952 hatte ich dann ein weiteres Ziel meiner Karriere erreicht: Beim Länderspiel in Augsburg gegen die Schweiz hieß der Linksaußen der Nationalelf erstmals Hans Schäfer. Zwei Tore gelangen mir beim 5:1 Sieg, doch einen Stammplatz hatte ich noch nicht. Die Nummer 1 auf diesem Posten war zunächst noch Berni Termath von Rot-Weiß Essen.
Ihn zu verdrängen, gelang mir erst 1953, nachdem Jupp Röhrig zum 1. FC Köln gestoßen war. Wie jeder Flügelstürmer brauchte auch ich den Verbinder, den Einfädler. Was August Gottschalk bei RW Essen für Rahn und Termath war, wurde Jupp Röhrig für mich. Er gab die Vorlagen, ich vollstreckte. Wir verstanden uns blind. Da bedurfte es keiner Zurufe, ein Kopfnicken genügte. Röhrig/Schäfer – das war zu seiner Zeit der Zwillingsflügel aus Köln.
Doch der gute Jupp hatte in zweierlei Hinsicht Pech. Zu seiner Zeit gab es auf der linken Verbinderposition noch einen größeren – nämlich den legendären Fritz Walter. Hinzu kam, daß Röhrigs Muskeln die Dauerbelastung im Spitzen-Fußball nicht aushielten. Er laborierte häufig an langwierigen Verletzungen. So auch vor der Weltmeisterschaft 1954 in der Schweiz. Für ihn rutschte damals mit Paul Mebus ein anderer FC-Spieler ins Herberger-Aufgebot.

Die WM 1954, der Sieg mit 3:2 im Endspiel gegen Ungarn, das war natürlich der größte Erfolg meiner Laufbahn. Doch heute möchte ich mal klarstellen, daß unser Triumph gar nicht so überraschend oder gar sensationell war, wie er immer dargestellt wurde. Wir waren damals eine waschechte Profi-Elf, obwohl wir alle unseren bürgerlichen Beruf hatten. Aber wir wurden von Herberger professionell auf dieses Turnier vorbereitet. Wir wurden weit härter gedrillt als bei meinen späteren WM-Turnieren – 1958 in Schweden oder 1962 in Chile. Mit drei Schienbeinschützern übereinander wurde beim Training schon gekämpft, daß die Fetzen flogen. Wie Mönche haben wir im berühmten Trainingslager Spiez am Thuner See gelebt. Herbergers Devise hieß damals: »Ein zu nobles Auftreten schadet dem Spielfluß soviel wie Unfairness – also müssen wir zwar sportlich kämpfen, aber dennoch erbarmungslos wie echte Profis die geringste Chance und den kleinsten Vorteil nutzen.«

Wir haben uns daran gehalten, sind Weltmeister geworden – haben darauf gepfiffen, daß man uns eines Hauruck-Stils bezichtigte. Denn trotz des gnadenlosen Einsatzes haben wir auch berauschenden Fußball gespielt. Ich denke da vor allem an das Halbfinale in Basel, als wir die hochgelobten Österreicher mit 6:1 wahrlich aus den Schuhen spielten.

2000 Mark haben wir für den WM-Triumph an Prämie bekommen. Außerdem hatten mir Gönner des Klubs bei meiner Rückkehr nach Köln noch einen funkelnagelneuen VW vor die Türe gesetzt. Da ich den Führerschein schon gemacht hatte, war endlich Schluß mit dem Straßenbahnfahren. Zwei Jahre später dann konnte ich mich selbständig machen. Ecke Lindenthalgürtel und Dürener Straße bekam ich eine Tankstelle, 1960 dann – als ich beim damaligen FC-Boß Franz Kremer in die Geschenkartikel-Branche einstieg – habe ich sie verpachtet.

Zu Franz Kremer, in dessen Haus ich dann auch einzog, hatte ich bis zu seinem Tode 1967 eine Vater-Sohn-Beziehung. Wir haben alle Dinge, die fußballerischen wie geschäftlichen, miteinander besprochen. In seiner Person lag auch der Grund, warum ich nie an einen Vereinswechsel dachte, obwohl in den fünfziger Jahren wohl alle deutschen Spitzenklubs mal bei mir angeklopft hatten.

Ich habe als junger Mann den Ratschlägen von Franz Kremer stets blind vertraut und bin gut damit gefahren. Ich glaubte auch fest daran,

daß er sein Ziel erreichen würde: den 1. FC Köln zur Nummer 1 in Deutschland zu machen. Er hatte den Mut zum Risiko, den ich beim heutigen Vorstand vermisse. Ihm gelang es, jedes Jahr attraktive Spieler an den Rhein zu locken. Sicherlich war da auch hier und da ein Flop dabei, aber zu Beginn der sechziger Jahre hieß der »Geißbock-Klub« nicht umsonst das »Real Madrid des Westens«.
Franz Kremer war es auch, der mich 1957 davon abhielt, meine Laufbahn in der Nationalelf zu beenden. »Abstellungen zu Länderspielen sind für jeden Verein eine Ehre. Und der 1. FC Köln wird alles tun, den Bundestrainer Sepp Herberger zu unterstützen,« erklärte er. So machte ich 1958 in Schweden meine zweite WM, auch Fritz Walter war noch einmal dabei. Ich bereits 30, er gar 34. Und auch Helmut Rahn, der Held von Bern, jener lebenslustige Vogel, der das Siegtor zum 3 : 2 geschossen hatte. Er war nach der WM mehrfach ausgeflippt, aber der große Psychologe Herberger schaffte es, den »Boß« – so wurde Rahn überall genannt – wieder fürs Toreschießen zu begeistern. Zeitweise war der Helmut über so manches Ziel hinausgeschossen, und sein liebster Platz war die Theke geworden.
Bei dieser WM, in der wir erst im Halbfinale, bei dem Skandalspiel gegen Schweden (1 : 3), aus dem Rennen geworfen wurden, waren neben mir vom 1. FC Köln noch Georg Stollenwerk und Hansi Sturm im Aufgebot. Dazu der 19jährige Karl-Heinz Schnellinger, den Franz Kremer während des Turniers von Düren nach Köln lockte.
Hatte Rahn in der Nationalelf den Namen »Boß«, so wurde Franz Kremer ebenso respektvoll von allen rund um das 1961 fertiggestellte schmucke Klubhaus »Zum Geißbock« der »Boß« genannt. Und der war er auch. Ohne Einschränkung. Jeder hatte vor ihm, der sich mit niemandem im Klub duzte, Respekt – ob Spieler oder Trainer. »Zigarren« des stets zigarrenrauchenden Präsidenten waren gefürchtet.
Bei der Auswahl der Spieler legte Kremer stets großen Wert auf charakterliche Qualitäten. Luftikusse hatten bei ihm wenig Chancen. Dennoch: 1960 holte er den »Boß« aus Essen, den Paradiesvogel. Wir hatten eine gute Mannschaft – alles Spieler aus Köln und der Umgebung. Helmut Rahn, der Junge aus dem Kohlenpott, sollte der Aufsetzer sein, das berühmte Tüpfelchen auf dem »i«. Die Meisterschaft sollte endlich gewonnen werden. Immer wieder waren wir in der Endrunde irgendwie gescheitert.

Oben: Die Meistermannschaft der 1. Bundesligasaison 1964 (v.l.): Schäfer, Ewert, Sturm, Wilden, Benthaus, C. Müller, Thielen, Pott, Overath, Hornig, Regh, Hemmersbach, T. Schumacher, Weber

Links: Mit der Meisterschale 1962, Kapitän Schäfer

Unten: Die FC-Nationalspieler der 50er Jahre: Schäfer, Mebus, Röhrig (v. l.)

Am 25. Juni 1960 war es dann soweit. Der 1. FC Köln hatte erstmals das deutsche Finale erreicht. Im Frankfurter Waldstadion war der Hamburger SV der Gegner. Wir wurden zum großen Favoriten gestempelt. Doch nur, weil die Öffentlichkeit nicht genau wußte, was sich hinter den Kulissen abgespielt hatte.
Ich war drei Wochen zuvor beim Endrundenspiel gegen Tasmania Berlin so schwer verletzt worden, daß ich erst einen Tag vor dem Finale wieder trainieren konnte. Da ich selbst zweifelte, ob ich das Spiel durchhalten würde (Auswechseln zu der Zeit war noch nicht erlaubt), vertraute ich mich unserem Trainer Oswald Pfau an und sagte es auch dem Vorstand und der Mannschaft: »Es ist besser, ihr verzichtet auf mich.«
Das Wagnis meines Einsatzes war um so risikoreicher, da es noch zwei andere Problemfälle gab. Der erste war Georg Stollenwerk, der zwar schon längere Zeit wieder im Training war, aber in diesem Finale sein erstes Spiel nach halbjähriger Pause bestritt.
Der zweite »Fall« war Helmut Rahn. Während wir seit Dienstag im Trainingslager weilten, war er verschollen. Keiner wußte, wo er war. Samstag morgen, einige Stunden vor dem Spiel, tauchte er plötzlich auf. Feuchtfröhlich. Was sollten wir mit ihm machen. Trainer Pfau, Franz Kremer und ich als Kapitän kamen zu keiner Entscheidung. Da kam ich auf die Idee, Sepp Herberger um Rat zu bitten. Der alte »Fuchs« meinte dann verschmitzt lächelnd: »Das ist ein Wagnis. Vielleicht haut er gleich in den ersten Minuten ein oder zwei Dinger rein. Dann habt ihr gewonnen. Vielleicht aber auch nicht. Dann werdet ihr nachher nicht mehr viel von ihm sehen.«
In der Hoffnung, daß Herbergers erste Variante eintreffen würde, spielten wir mit Rahn. Er ging auch zu Beginn los wie die Feuerwehr, hatte aber kein Schützenglück. Danach war Helmut mausetot, zumal die Schwüle (40 Grad) unerträglich war. Auch ich, der dann doch auf Wunsch der Mannschaft gespielt hatte, bekam wegen des mangelnden Trainings Konditionsprobleme. Und da auch der gute »Schorsch« Stollenwerk den schnellen Charly Dörfel nicht wie erwartet unter Kontrolle bekam, war es kein Wunder, daß wir am Ende mit 2:3 als Verlierer die Arena verließen. Und Helmut Rahn mußte anschließend den Verein verlassen. Der strenge »Boß« aus Köln war die Eskapaden des lustigen »Boß« aus Essen leid.

Mit Karl-Heinz Thielen war ein guter Rechtsaußen aus dem Kölner Revier, genauer aus Rodenkirchen, gefunden worden. 1961, als dann Tschik Cajkovski, den nur ich noch als Spieler erlebt hatte, als Trainer zurückkam, da hatten wir eine total rheinische Mannschaft. Und wie das in Köln so ist, hatte da jeder seinen Spitznamen: Ewert – de Plaat, Pott – de Fibbes, Schnellinger – der Fuss, Hemmersbach – der Matthes, Wilden – der Lei, Sturm – der Hansimann, Thielen – der Qualles, Habig – de Bumms, Müller – de Chris, Breuer – de Buur. Ja, und ich war »de Knoll«.
Fehlende Haare bei dem einen, rote bei dem anderen, Schußkraft des einen oder Herkunft des anderen waren Ursprung dieser Namen. Manchmal auch nur eine Verkürzung des Vornamens. »Knoll« wurde ich und werde es noch heute gerufen, weil ich ein »Dickkopf« sein konnte und es manchmal auch wollte.
Mit dieser Mannschaft und einem Trainer, der uns täglich mit seinen drolligen Sprüchen so zum Lachen brachte, daß uns die Tränen in den Augen standen, wurden wir am 12. Mai 1962 erstmals Deutscher Meister. 4:0 putzen wir im Berliner Olympia-Stadion den 1. FC Nürnberg. Wir haben wie im Rausch gespielt.
Ich war auf meine alten Tage, jetzt war ich schon 34 (!) nochmals so in Form gekommen, daß ich mich von Sepp Herberger überreden ließ, auch die dritte Weltmeisterschaft zu spielen.
Hätte ich vorher gewußt, daß der »alte Fuchs« vom »Defensiv-Fieber« befallen wurde, wäre ich lieber in Urlaub gefahren, statt im fernen Chile Verteidiger zu spielen. Trotz allen Murrens der Stürmer hielt Herberger während der WM an seiner Marschroute fest, aus einer verstärkten Abwehr zu operieren. Durch die Ergebnisse der Vorrunde (0:0 gegen Italien, 2:1 gegen die Schweiz und 2:0 gegen Chile) war er noch in seiner Ansicht bestärkt worden. Deutschland war Gruppensieger. Doch im Viertelfinale kam das Aus. Ein 0:1 gegen Jugoslawien. Hart und bitter war die Kritik, als wir nach Deutschland zurückkamen. Für Sepp Herberger und für mich war es die letzte und enttäuschendste WM.
Dafür lief es bei mir im Verein, beim 1. FC Köln, weiterhin gut. Doch am Ende der Saison 1962/63 gab es noch einmal eine Enttäuschung. Als klarer Favorit verloren wir das letzte deutsche Endspiel gegen die Borussia Dortmund in Stuttgart mit 1:3.

Der traurigste Mann danach war unser Trainer Tschik Cajkovski. Wie gerne hätte er sich mit einem rauschenden Ballfest aus Köln verabschiedet. Die Trennung von ihm hatte allerdings nichts mit der Niederlage zu tun. Es war schon vorher klar, daß nach zwei Jahren Cajkovski mit Georg Knöpfle ein neuer Trainer kommen sollte.
Wenn heute manchmal in Gesprächen durchdringt, der Tschik wäre nur ein Clown gewesen – einer, der für die gute Stimmung in der Truppe zuständig war, dann ist dies schlichtweg falsch. Der kleine Jugoslawe war ein großer Trainer. Er hatte einen unglaublichen Fußballverstand. Und er konnte uns als ehemaliger Weltklasse-Spieler einige Tricks beibringen. Er hatte ein Auge für Talente, und er wußte die jungen Leute richtig zu behandeln. Daß er später mit Bayern München ähnliche Erfolge feierte, kam ja auch nicht von ungefähr.
Trotz der Niederlage gegen Dortmund ging der 1. FC Köln auch wieder als Favorit in die nächste Saison. Es war die erste der neugegründeten Bundesliga. Der Klub war zu diesem Zeitpunkt führend in Deutschland. Alles stimmte da von der Mannschaft über das Management bis hin zu den Klub-Anlagen. Franz Kremer dirigierte meisterhaft das gesamte »Geißbock-Ensemble«.
Ich erinnere mich, daß zu dieser Zeit plötzlich zwei Herren aus München bei Kremer auftauchten: Es waren der Bayern-Präsident Neudekker und sein Manager Schwan. Sie ließen sich in die Geheimnisse einweihen, wie man professionell einen Bundesliga-Klub managt. Sie haben anscheinend gut zugehört; denn vier Jahre später hieß der Deutsche Meister Bayern München.
Den ersten Bundesliga-Titel 1964 allerdings holte noch mal der 1. FC Köln. Souverän marschierten wir durch die Saison. Wen wundert es: denn wir hatten uns noch optimal verstärkt. Mit Helmut Benthaus von Westfalia Herne und Heinz Hornig von RW Essen. Dazu kamen zwei junge Spieler zum Einsatz, die schon ein Jahr am Geißbockheim mittrainiert hatten, Wolfgang Overath und Wolfgang Weber.
Der 1. FC Köln schien auch für die Zukunft gerüstet zu sein. Mit Wolfgang Overath stand mein Nachfolger bereits fest. Nach der Saison 1964/65, in der ich monatelang noch an einer Bänderdehnung herumlaborierte, beendete ich dann meine Karriere.
Ich wollte endlich – inzwischen war ich 37 Jahre alt – mehr für meine Familie da sein. Doch drei Jahre habe ich dann noch für den Fußball

»geopfert«, als Assistent der in Köln wenig erfolgreichen Trainer Multhaup und Merkel. Sie paßten, wie auch die meisten Nachfolger, nicht zum 1. FC. So mußte der Klub – obwohl er stets hervorragende Spieler hatte – bis 1978 auf den nächsten Titel warten. Da war endlich wieder einer da, der den »kölschen« Durchblick hatte: Hennes Weisweiler.

Er, der listige »Buur« aus der Eifel, wußte, wie man die »Geißböcke« auf Trab brachte. Da nutzen große Worte allein wenig, die brauchen ab und zu mal einen Tritt in den Hintern. Wenn ich heute als Tribünengast manchmal sehe, mit welcher Einstellung da einige über den Platz laufen, dann wird mir übel. Auch wir hatten früher schlechte Tage, an denen nichts lief, aber gekämpft haben wir immer. Und das für ein Appel und Ei. Im ersten Bundesliga-Jahr war die Höchstgrenze des monatlichen Einkommens 1200 Mark. Lediglich Uwe Seeler und ich durften auf Grund unserer langjährigen Verdienste für den deutschen Fußball 2000 DM kassieren.

Ja, leider bin ich einige Jahre zu früh geboren worden. In der heutigen Zeit hätte ich mit einer 17jährigen Karriere wie damals wohl so rund 20 Millionen verdient. Aber ich neide den Jungs heute das Geld nicht. Einer wie Toni Schumacher zum Beispiel müßte noch mehr verdienen. Er setzt sich ein, er ist ein Vorbild. Aber bei so manch anderem, der heute das FC-Trikot trägt, denke ich nur: Gut, daß du kein Trainer geworden bist. Der würde dich mit seiner Spielweise ins Grab bringen und sich dabei noch lachend die Taschen vollmachen.

Die Bosse

Wie die Präsidenten am Geißbockheim herrschten, welche Stärken und Schwächen sie hatten oder haben, schildert Jupp Müller.

Franz Kremer war wählerisch in seinen Vorbildern. Konrad Adenauer, zweimal Oberbürgermeister in Köln und Bundeskanzler, gehörte zu denen, die er bewunderte. Seelenverwandtschaft mag da eine Rolle spielen. Wie Adenauer, so war auch Franz Kremer ein Mann einsamer Entscheidungen; wie Adenauer hielt er kühle Distanz zu vielen und den Kreis der echten Freunde überschaubar; wie Adenauer pflegte er einen ziemlich autoritären Führungsstil. Demokratie herrschte innerhalb des 1. FC Köln, als Franz Kremer in diesem Klub regierte.

Er geriet gleichsam zur Legende, dieser erste kühle Rechner unter den rheinischen Fußballklub-Präsidenten. Mit seinem Namen verbindet sich der steile Aufstieg eines Vorstadt-Vereins zum Klub von nationaler und internationaler Bedeutung. Aber wichtiger war wohl, daß er den Kölnern mit dem 1. FC etwas geboten hat, an dem sie sich über viele Jahre hinweg reiben konnten. Ein Klub wurde zum Symbol für die Stadt; wie der Dom, wie Kölnisch Wasser, wie der Rhein.

Franz Kremer hatte das Glück, nach dem Zweiten Weltkrieg in Trümmern und bei Null anfangen zu können. Es bedurfte keiner Restauration. Neue Ideen waren gefragt, nicht nur sportlich-organisatorische, sondern auch kaufmännische. Von denen, die heil und früh genug aus Krieg oder Gefangenschaft in die Steinwüste zurückgekehrt waren, die vom alten Köln so gut wie nichts mehr erkennen ließ, schien kaum einer besser geeignet, Köln zur Fußball-Hochburg zu gestalten, als dieser Mann vom Kölner Ballspiel-Club (KBC).

Er erkannte die große Chance, als ihm von seiten des früheren Spielers Fritz Plate – damals Teamobmann bei Sülz 07 – die Fusion der beiden benachbarten Vorort-Vereine angetragen wurde. Noch bevor der Zusammenschluß von KBC und Sülz 07 juristisch besiegelt werden konnte, hatte Franz Kremer allein mit dem Namen des neuen Gebildes – »Erster Fußball-Club Köln« – weithin Staub aufgewirbelt, vor allem Ärgernisse ausgelöst.

Franz Kremers Konzept war recht einfach: »Der Klub muß finanziell so gestellt sein, daß er sich gute Spieler leisten kann; nur gute, engagierte Spieler, die sich beim 1. FC daheim fühlen, garantieren Erfolg.« Zudem wollte Kremer vermeiden, daß zu viele Köche den von ihm angerührten Brei verderben könnten – so hielt er den engen Führungsstab so klein wie möglich. Und er machte von Beginn an keinen Hehl daraus, daß er als »Boß« das letzte und entscheidende Wort habe.

Er geriet zum Vierundzwanzig-Stunden-Mann für den Fußball im allgemeinen und für den 1. FC im speziellen; möglich war dies nur deshalb, weil ihm jene blonde Dame, die er 1941 als Sekretärin im Gebäude des französischen Marine-Ministeriums an der Place de la Concorde in Paris kennen- und liebenlernte, den Rücken freihielt von privatgeschäftlichem Kram. Frau Lieselotte teilte mit Franz Kremer übrigens nicht nur die Liebe zum Fußball, sondern auch die Passion für moderne Malerei und für modische Kreationen. Ehrgeiz und Tatendrang ihres Mannes bremste sie nur dann, wenn sie befürchten mußte, seine Gesundheit könne Schaden nehmen.

Franz Kremer war ein halbes Jahr als Präsident im Amt, da fegte ihm die Währungsreform im Sommer 1948 die Klubkasse leer. Aber es war wohl vorrangig die momentane Armut, die ihn mobilisierte. Kaum einen Geschäftsmann in Sülz und Klettenberg übersah er bei seinen Wünschelruten-Wanderungen nach neuen bescheidenen Finanzierungsquellen; und dank seiner Überzeugungskraft fand er, was er suchte – Mittelständler, die mit Hilfe gehorteter Warenbestände unmittelbar nach der Einführung der neuen Währung, wie man so sagt, eine »schnelle Mark« machten.

Er war in erster Linie ein Kaufmann; den Umgang mit Soll und Haben, mit Gewinn- und Verlustrechnung hatte er als Abteilungsleiter in der »Kaufhalle«, der Hundertprozent-Tochter der Kaufhof-Aktiengesellschaft, gelernt.

Franz Kremer bot Spielern, nach denen er das Lasso warf, immer etwas Besonderes: Zusätzliche Lebensversicherungen, Berufsausbildung und persönliche Lebenshilfe. So standen die Kicker plötzlich Schlange vor der Tür des 1. FC; und so war es fast kein Kunststück mehr, daß meisterschaftsreife Mannschaften gebildet werden konnten.

Franz Kremer, der gern Tschaikowsky-Musik hörte, verbarg hinter seiner robusten, für manch einen gar abweisenden Äußerlichkeit eine

feine Sensibilität. Für die, die er mochte – und dies waren meist die Einsatzbereiten –, konnte er fünf gerade sein lassen, gar Prinzipien über Bord werfen.
Einer seiner Auserkorenen war Hans Schäfer, der »Weltmeister« von 1954. Als Hans Schäfer seine Karriere beendete, wollte Franz Kremer den verdienten Spieler als honorierten »Ratgeber« auch für die überschaubare Zukunft an den Klub binden.
Aus dieser Absicht entwickelte sich überraschend und unerwartet eine der großen inneren Krisen beim 1. FC; eine Krise, die auch zur persönlichen Entzweiung führte. Doch diese Geschichte sollte chronologisch erzählt werden:
Stets bestrebt, gestandene und einflußreiche Männer aus Industrie und Wirtschaft in den 1. FC zu integrieren – entweder als Mitglieder des Vorstandes oder des sogenannten Aufsichtsrates –, hatte der »Boß« sich auch den Geschäftsführer der Westdeutschen Lotto- und Toto-Gesellschaft, Peter Weiand, in das Geißbockheim geholt – als Beisitzer im Präsidium. Weil im Lotto-Toto-Haus am Kölner Theodor-Heuss-Ring zum Finanz- und Rechenexperten gediehen, warf Weiand öfter als andere Vorstandskollegen ein eher kritisches Auge auf versteckte Details in die Bilanzen.
Peter Weiand – der eines Tages Franz Kremers dritter Nachfolger auf dem Präsidentenstuhl werden sollte – hatte sich schon Mitte der sechziger Jahre den Ruf eines Sparkommissars erworben. Damals bewegte sich die Bundesliga gewissermaßen im steuerpolitischen Niemandsland; keiner wußte so recht, wie die Finanzämter die aus Profi- und Amateur-Abteilungen bestehenden Klubgebilde fiskalisch unter einen Hut bringen würden.
Wegen der ungewissen Zukunft warnte Peter Weiand davor, den Klub mit versteckten »Pensionen« für ausrangierte Spieler (Schäfer) zu belasten. Franz Kremer fühlte sich durch diese versteckte Kritik persönlich getroffen. Es kam zum offenen Streit; und dann mußte Peter Weiand erfahren, daß der »verhinderte Diktator« (so ein Klubmitglied) notfalls zum Säbel greift, um Aufmüpfige einzuschüchtern oder auszuschalten.
Franz Kremer also versah seinen getreuen Schatzmeister Richard Pelzer (der im Sommer 1985 starb) mit dem Marschbefehl und der Order, das im Lottohaus Weiand eingerichtete und von der Ehefrau des

Lotto-Direktors kaufmännisch verwaltete Außenbüro des 1. FC auszuräumen und sofort aufzulösen. Die Weiands waren damals wie vor den Kopf geschlagen, als Pelzer mit seiner Einpack-Mannschaft in der Lotto-Zentrale eintraf. Die Aktion sollte geheimgehalten werden. Dieses Vorhaben mißlang; zwei Kölner Journalisten bekamen Wind von der Sache, die im Nu eine Menge Staub aufwirbelte; nicht gerade zum Nutzen des 1. FC Köln. Das Außenbüro war übrigens deshalb eingerichtet worden, damit nicht jedermann im Geißbockheim Einblick in Vorgänge bekam, die sich sportrechtlich und finanztechnisch an den Grenzen der Legalität bewegten.
Nie hat Franz Kremer verleugnet, daß er den autoritären Führungsstil bevorzugen müsse: In einem Verein von über 2000 Mitgliedern – von denen sich ja fast jeder für einen exzellenten Fußballfachmann und verkappten Trainer halte – könne nicht jeder das ganze Jahr über in die Präsidialarbeit hineinreden. »Auf der Jahreshauptversammlung kann sich jeder austoben«, hat er einmal gesagt. Doch: Wer sich bei den vom Vereinsgesetz vorgeschriebenen Mitglieder-Zusammenkünften – aus welchen Gründen immer – auf die Barrikaden wagte, stand bald wieder mit beiden Füßen auf der Erde. Franz Kremer verstand es geradezu meisterhaft, »Rebellen« zu besänftigen; wenn es sein mußte mit silbernen oder goldenen Ehrennadeln.
Eine ziemlich ausgeprägte Eitelkeit war eine der wesentlichen Triebfedern. Seine Umgebung verhielt sich entsprechend. Ein überlebensgroßes Franz-Kremer-Foto zierte den Bierbrunnen, der nach dem Gewinn des zweiten nationalen Titels im Jahre 1964 (nach dem ersten Bundesligajahr) die Fans bei der Meisterfeier draußen im Äußeren Grüngürtel mit Frei-Kölsch versorgte. Das »Denkmal« sollte nach außen hin dokumentieren, daß der 1. FC Köln ohne seinen »Boß« nicht denkbar sei. Mit Genugtuung las Franz Kremer in den Zeitungen, daß er der Prototyp des Erfolgmanagers im modernen Fußball sei.
Des überdimensionalen Kremer-Fotos am Bierbrunnen ansichtig geworden, sprach manch einer vom überflüssigen Personenkult. Dies allerdings störte Kremer wenig. Er wußte, daß der im Schatten aller Erfolgsmenschen sprießende Neid auch vor ihm nicht haltmacht.
Wer Erfolg hat, ist gefragt. Franz Kremer hielt flammende Reden vor den Delegierten des Westdeutschen Fußball-Bundes, und innerhalb

des Deutschen Fußball-Bundes (DFB) arbeitete er von Mitte der fünfziger Jahre mit Fleiß und Akribie an einem Modell, das die besten deutschen Vereine in einer Klasse vereinen sollte. Er gilt, zusammen mit dem DFB-Präsidenten Hermann Neuberger, als einer der »Erfinder« der Bundesliga. Seine Ideen, die altväterlichen Strukturen in einer vergreisten Fédération außer Kurs zu setzen und die Gesamtorganisation zu straffen, machten ihn für viele Funktionäre von der Nordsee bis zu den Alpen zum designierten Präsidenten des Deutschen Fußball-Bundes.

Franz Kremers Öffentlichkeitsarbeit setzte Akzente für das ganze Metier. Wie raffiniert er auf der Klaviatur der Medien zu spielen wußte, dafür gibt es Beispiele im Dutzend. Nur eines sei hier hervorgehoben:

Eines Tages, Anfang der sechziger, lud er die rheinischen Journalisten zu einer Pressekonferenz ins Klubheim ein. Dort erzählte er, er habe einen großen brasilianischen Fisch an die Angel bekommen; mit Hilfe des in Paris lebenden Vermittlers Julius Ukrainczyk, den sie in der Branchen »Monsieur zehn Prozent« nannten; wegen der Höhe der von ihm kassierten Gebühren.

Franz Kremer erzählte die Geschichte vom »sensationellen Transfer« so spannend – »er schwimmt schon auf dem Bananendampfer Richtung Europa« –, daß manch einer glaubte, der berühmte Pelé werde in Kürze die Bundesliga bereichern.

Nun, der brasilianische Fisch war nicht vom Pelé-Kaliber. Er hieß José Zezé, geboren in Minas Gerais, als Fußballspieler so begabt wie Hunderte junger Männer im Land der Copacabana und des Zuckerhuts. Den ersten Kontakt zum deutschen Fußball fand er im normannischen Badeort Deauville, wo sich die FC-Truppe – begleitet von einem ungewöhnlichen Troß – auf die neue Saison vorbereitete und gleichzeitig durch Freundschaftsspiele die Sommerkasse auffrischte. Zezé schoß in einem der Spiele an der Atlantikküste ein Tor; und als er wenig später in der Partie mit der Stadtmannschaft von Hagen gar zweimal den Ball in den Kasten des Gegners jonglierte, sprach man in Köln etwas voreilig von der »brasilianischen Perle«. Der Winter kam, und mit ihm Schnee und Eis. Da war es denn für eine Weile vorbei mit den Ballkünsten des José Zezé, der vor seinem Trip nach Deutschland Schnee nur aus Kinder-Bilderbüchern kannte.

Unter dem Strich blieb Zezé eine sportlich unbedeutende Episode. Sie zeigte nur auf, daß Franz Kremer sich bei all seinen Führungsfähigkeiten auch personelle Fehlgriffe leistete. Einer seiner ärgsten war die Verpflichtung des ebenfalls aus Brasilien kommenden Torwarts Miguel Ferraira. Runde hunderttausend Mark waren für ihn ausgegeben worden. Wert war er als Spieler keine hundert.
Journalisten, die ihn beim Training beobachteten und dabei feststellten, daß er keinen scharf geschossenen Ball festhalten konnte, zielten mit ihrer Kritik (»Fehleinkauf«) direkt auf Franz Kremer. Der aber kramte sofort im Bilderkasten und fuhr mit Fotos, die er für Beweismittel hielt, zur Konkurrenzzeitung. Die wollte dann auch den Lesern deutlich machen, Ferreira könne kein Fehleinkauf sein, denn aus dem veröffentlichten Foto sei ja klar zu ersehen, daß er zur weltberühmten Flamengo-Mannschaft aus Rio de Janeiro gehöre. Nun, auf dem Gruppenbild posierten außer Feldspielern vier Torhüter. Ferreira war die Nummer vier. Dem 1. FC Köln blieb nichts anderes übrig, als ihn an einen Amateurklub zu verschenken.
Später, als sich die Fehleinkäufe im Laufe der Jahre bündeln ließen, versuchte Franz Kremer nicht mehr, persönliche Minuspunkte durch seine spezielle Art von Gegendarstellung zu löschen. Ein Transfer gehöre zum Geschäftsrisiko, sagte er.
Dieses Risiko war auch von seinen Nachfolgern nicht aus der Welt zu schaffen gewesen – weder von Werner Müller noch von Oskar Maaß oder Peter Weiand; auch wenn der eine die Qualität eines Trainers oder Spielers an der Handschrift ablas oder der andere sich auf seine ausgeprägte Menschenkenntnis verließ.
Von vielen hofiert, von jedem zumindest respektiert, von Spielern, Trainern und anderen Klubangestellten gelegentlich auch gefürchtet, mußte Franz Kremers Selbstbewußtsein bis hin zur Selbstüberschätzung wachsen. Er, der die Bundesliga gegen enorme Widerstände hatte durchsetzen können, aus dem Nichts ein damals als vorbildlich bezeichnetes Klubheim errichtete, in Rösrath ein Leistungszentrum nach italienischem Vorbild plante, gedachte, mit einem neuen Stadion sich selbst ein Monument zu setzen.
Er war von der Idee so besessen, daß er mehr als ein Dutzend Stadträte zu begeistern verstand. Er beauftragte einen Kölner Architekten, der sich im Wohnungsbau Meriten verdiente, aber sich noch nie mit der

Konstruktion einer Sportarena beschäftigt hatte, ein tischgroßes Modell zu basteln.
Dieses Modell erregte wegen seiner eigenwilligen Form weit über Köln hinaus Aufsehen: Ein riesiger stählerner Bügel spannte sich von Kurve zu Kurve. Erst nachdem die Stadtverwaltung hohes Interesse signalisierte – schon allein wegen der überraschend niedrigen Baukosten (rund 20 Millionen Mark) –, machten sich Architekt Hans Schulten und andere Kundschafter auf den Weg, die Gegebenheiten anderer berühmter Arenen in der ganzen Welt zu inspizieren. Diese Stadion-Touristik sollte den Steuerzahler eines Tages weit mehr als eine Million Mark kosten.
Geschäftsmann, der er war, hatte Franz Kremer im Verein mit Hans Schäfer nach Möglichkeiten Ausschau gehalten, wie man beim Stadionbau als Baustoff-Lieferant mitwirken (und mitverdienen) könne.
Daß dieses äußerlich ebenso schöne wie zweckmäßig wirkende Projekt zur Luftblase geriet, lag schlicht daran, daß sich niemand im Kremer-Umfeld die Mühe gemacht hatte, die Baukosten exakt ausrechnen zu lassen. Die genannten 20 Millionen Mark waren das Resultat einer groben Schätzung.
»Das war über den Daumen gepeilt«, ließ sich ein Experte aus dem Kölner Hochbauamt vernehmen.
Weniger fußballbegeisterte Stadträte wurden hellhörig, als sich eine Gruppe Kölner Architekten darüber beschwerte, daß der Stadionbau nicht öffentlich ausgeschrieben, sondern in typisch kölscher Klüngelei unter Außerachtlassung aller Regeln an einen Klubfreund vergeben worden sei. Dieser ersten herben Kritik folgte emsiges Nachrechnen in den zuständigen städtischen Ämtern; und siehe da, wegen seiner komplizierten Statik kostete das Stadion sozusagen über Nacht rund hundert Millionen Mark.
Nicht zuletzt wegen der hohen Verschuldung der Stadt Köln legte sich der Regierungspräsident als übergeordnete Aufsichtsbehörde quer. Die Stadion-Pläne waren plötzlich nicht einmal das Papier wert, auf dem man sie aufgezeichnet hatte. Diese Pleite, die auch eine Blamage war – weil Köln mit dem neuen Stadion in vielen Ländern für die Weltmeisterschaft 1974 geworben hatte –, hat Franz Kremer nicht mehr miterlebt. Er starb im Herbst 1967 an den Folgen eines Herzinfarktes. 62 Jahre alt ist er geworden.

Zu seinem Vermächtnis gehörte die Aufforderung an seine Mitstreiter, alles zu tun, damit der 1. FC Köln immer erstklassig bleibe: »Alles darf geschehen; nur eines nicht – daß wir in die zweite Klasse absteigen.«

Im Vorzimmer des ersten Franz-Kremer-Nachfolgers, Werner Müller – seines Zeichens etliche Jahre Vorstandsmitglied im Kaufhof-Konzern –, hing ein Spruch, der den Betrachter gemahnte, jeden Tag mit dreimaligem Schmunzeln zu beginnen. Werner Müller gehört zu den Frohnaturen. Für ihn war und blieb der Fußball »die schönste Nebensache der Welt«. Als er beim 1. FC in die höhere Pflicht genommen wurde, lagen zwanzig Trainer-Bewerbungen auf seinem Schreibtisch. Vielleicht hat er schon beim Studium der Briefe geahnt, daß er in diesem schwer kalkulierbaren Fußballgeschäft nicht an der »Spitze« bleiben werde. Vielleicht aber erspürte er auch die mageren Jahre, die dem 1. FC Köln drohten. Weil das inzwischen vierzig Jahre alte Müngersdorfer Stadion baufällig geworden war, mußte die Geißbock-Mannschaft in ein Notquartier (Radrennbahn), in dem bei einem maximalen Fassungsvermögen von 32 000 Fans nur eine Höchsteinnahme von 350 000 Mark zu erzielen war; zu wenig, um eine mit teuren Nationalspielern gespickte Truppe auf Dauer finanzieren zu können.
Werner Müller saß nur eine Saison »kommissarisch« auf dem Chefsessel; in seine Amtszeit fiel der 4:1-Triumph im Ludwigshafener DFB-Pokalfinale über den VfL Bochum. Er, ein passionierter Nimrod, stellte sich nicht zur Wahl, als es galt einen echten »Erben« Franz Kremers zu küren.

Wenn ihm einmal etwas zustoßen sollte, hat Franz Kremer einmal im Kreis von Freunden gesagt, dann möge man den Oskar Maaß zum Präsidenten wählen. Oskar Maaß, im pommerschen Treptow geborener Architektensohn, am 1. August mit zwei Pferden, einem kleinen Wagen und einem mit dem Notwendigsten vollgestopften Rucksack über die von amerikanischen Armee-Pionieren mit Pontons errichtete Notbrücke von Deutz in das linksrheinische Köln gekommen, war vom Habitus her seinem Freund Franz Kremer durchaus ähnlich. Der Charakter aber war anders, ganz anders.
Oskar Maaß, Regierungsbaumeister a. D. und Chef einer Ingenieur-

Oben: Waren immer in Kontakt: Franz Kremer, im Gespräch mit Sepp Herberger. Rechts Trainer Cajkovski

Unten: Kremers Nachfolger: Oskar Maaß, Werner Müller, Peter Weiand (v. l.)

Die FC-Hierarchie 1964

o. v. l.: Ewert, Rumor, Schumacher, Thielen, Benthaus, Schäfer, Müller, Regh, Hemmersbach, Weber, Sturm
Hornig, Stollenwerck, Ripkens, Pott, Overath, Wilden
Masseur Hermanns, Frl. Armitter, Trainer Knöpfle, Frl. Pook, Arzt Dr. Bohne
Gastronom Rausch, Frl. Schleifer, Zeugwart Thönnes
Spielerobmann Neubauer, Schatzmeister Peltzer
Boss Kremer

Gesellschaft mit über hundert Mitarbeitern (der zeitweilige Bundesminister und Bundestags-Präsident Richard Stücklen war einer von zwei Mitgesellschaftern in der Maaß-Firma), versuchte den Fußball intellektuell zu durchdringen. Wie Werner Müller betrachtete er den Fußball – er war einige Jahre Kapitän der Geißbock-Alt-Herren-Mannschaft – in erster Linie als ein »durchaus ernsthaft betriebenes Hobby.« Wer ihn interviewte, mußte damit rechnen, eine Lektion in Fußball-Psychologie zu hören.

Von seiner Natur her konziliant, neigte er dazu, den Spielern gegenüber väterlich zu erscheinen. Selbstkritisch wie er ist, erkannte er, daß diese seine Eigenschaft dem Kampf- und Einsatzwillen der Kicker nicht immer förderlich war: »Vielmehr war Franz Kremers Art, hin und wieder mit der Faust auf den Tisch zu schlagen, doch nicht ganz unrichtig.«

Als Architekt und Ästhet liebte Oskar Maaß das Konstruktive am Fußball: Ein mit Witz und filigraner Kombinations-Technik geführtes Spiel war ihm allemal lieber als ein Hauruck-Fight.

Wie kein anderer Präsident vor und nach ihm, stand Oskar Maaß unter dem Zwang, in wirtschaftlicher Notlage (wegen der geringen Einnahmen in der Müngersdorfer Radrennbahn) die Stars bei der Fahne zu halten. Er mußte von den hohen Fixkosten (Jahresgarantien der Stars) herunter und führte – vor allem gegen den Widerstand des damaligen Mannschaftskapitäns Wolfgang Overath – Leistungsverträge ein. Diese Verträge machten das Einkommen der Spieler abhängig von den jeweiligen Spiel-Einsätzen.

Wolfgang Overath, dessen »Bauernschläue« jeder seiner Verhandlungspartner kennenlernte, drohte mit seiner Reamateurisierung (»dann werde ich eben wieder für den SSV 04 Siegburg spielen«) mit dem Erfolg, daß sein Einkommen vom Rotstift verschont blieb.

In Sachen Trainer hatte Oskar Maaß keine glückliche Hand: Von dem heißspornigen Ungar Gyula Lorant mußte er sich auf der Tribüne des alten Grünwalder Stadions auf Giesings Höhen in München beschimpfen lassen; den Gymnasial- und Sportlehrer Rudi Schlott schickte er – ein einmaliger Vorgang im deutschen Fußball – zu einer schöpferischen Pause mitten in der Saison in Urlaub, um ihm danach wieder das Kommando zu übergeben; allerdings nur für eine relativ kurze Zeit bis zur endgültigen Beurlaubung.

Die Sache mit Gyula Lorant, der zum ungarischen »Wunderteam« der frühen fünfziger Jahre und zu der Elf gehörte, die im WM-Finale 1954 im Berner Wankdorf-Stadion mit 2:3 gegen Deutschland unterlag, war peinlich genug gewesen. »Halt deine Schnauze, du fette Sau«, maulte der Trainer, nachdem Oskar Maaß von der Ehrenloge aus vermeintlich gute Ratschläge in Richtung Lorant geschickt hatte. Die Folge der beleidigenden Äußerung: Lorant mußte gehen, der 1. FC Köln dem Scheidenden eine beträchtliche Abfindungssumme zahlen.
Oskar Maaß war geradeheraus, oft nicht diplomatisch genug für empfindsame Trainer- oder Fußballerseelen. »Ich schäme mich für diesen Trainer und für diese Mannschaft« – so lautete einer seiner Spontanbemerkungen, mit denen er den Haussegen schief stellte.
Unter seiner Regentschaft wuchs der Schuldenberg derart, daß dem Sülz-Klettenberger Millionärs-Klub die briefliche Aufforderung des Fußball-Bundes ins Haus flog, die wirtschaftliche Basis zu stärken – anderenfalls sei mit dem Entzug der Liga-Lizenz zu rechnen.
Oskar Maaß entschloß sich schweren Herzens, den Jahre zuvor aus Aachen an den Rhein gekommenen Allrounder Jupp Kappelmann abzugeben. Der FC Bayern München hatte zuvor Interesse bekundet. Maaß holte für den Transfer 800 000 Mark, Mehrwertsteuer inklusive, heraus.
Eine solche Summe war für eine Ablöse-Aktion innerhalb der nationalen Grenzen noch nie erreicht worden. Dank dieses Transfers und dem Einnahme-Anteil (350 000 Mark aus dem denkwürdigen Düsseldorfer Pokalfinale gegen Borussia Mönchengladbach (1:2 nach Verlängerung) erwirtschaftete der 1. FC nach drei Minus-Jahren erstmals wieder Gewinn (626 000 Mark). Dennoch konnte von einer »wesentlich verbesserten finanziellen Situation keine Rede sein« (so der damalige Vorsitzende des Verwaltungsrates, Otto Wolff von Amerongen).

Oskar Maaß machte im Oktober 1973 dann jenem Mann Platz, der Jahre zuvor nach dem geschilderten Streit mit Franz Kremer aus dem FC-Vorstand ausgeschieden war: Peter Weiand. Diesem Manager der Spiel- und Wettlust traute Otto Wolff von Amerongen am ehesten zu, den Klub wieder in die wirtschaftliche Balance zu bringen.
Wer das große Glück verwaltet und vor einer Bilanz sitzt, die einen Jahresumsatz von 1,5 Milliarden Mark ausweist, darf vieler Freunde

sicher sein. Als Chef eines Hauses, in dem er den Alleinherrscher spielte, konnte er Wohltaten nicht nur dem ASV Köln (er brachte den renommierten Leichtathletik-Klub aus roten Zahlen heraus und schaffte ihm auf dem ehemaligen Gelände der Spring- und Dressurreiter ein ansehnliches Klubhaus mit Sporthalle und Trainingsplatz) oder dem 1. FC Köln erweisen! Sein Wort war im Lotto-Unternehmen fast Gesetz; und deshalb besaßen auch die Mitglieder des Betriebsrates kaum eine Chance, als sie bemängelten, daß Lotto-Personal und -Einrichtungen in den Dienst der beiden großen Kölner Vereine gestellt würden.

Bei der Masse der Fans fand Peter Weiand wenig Sympathien. Man hielt ihn für arrogant, abweisend, besserwisserisch. Einige, die ihm näherstehen, halten solche Beurteilungen für reichlich oberflächlich. »Niemand ist vollkommen«, sagte er, wenn ihn jemand auf psychologisches Fehlverhalten hinwies.

Zweifellos ist Peter Weiand ein eitler Mensch; und ganz ohne Zweifel war seine Eitelkeit das motorische Element, das ihn an die Spitze des ASV Köln und des 1. FC Köln trieb. In einem Interview sagte er einmal, der 1. FC und die wirtschaftliche Problematik rund um einen Bundesliga-Klub seien für ihn die Herausforderung gewesen. Er wollte der Branche schlicht beweisen, daß ein so kompliziertes Gebilde, eine Mischung von Verein und Firma mit Millionen-Umsatz, bei allen sportlichen Unwägbarkeiten finanziell gesund bleiben kann und nicht zwangsläufig in wirtschaftliche Niederungen abrutschen muß.

Man kann Peter Weiand noch so distanziert gegenüberstehen – daß unter seiner »Herrschaft« endlich wieder eine Deutsche Meisterschaft nach Köln kam und zweimal der DFB-Pokal erobert wurde – 1978 schaffte der 1. FC nach Schalke 04 und dem FC Bayern als dritter deutscher Klub das begehrte »Double« (Meisterschaft und Pokal in einer Saison) –, dies war auch sein Verdienst.

Peter Weiand holte Weisweiler nach Köln; aber eines Tages vergraulte er ihn wieder. Er engagierte den bis dahin in Verbandsdiensten stehenden Fußballehrer Karl-Heinz Heddergott, um dem in der Bundesliga glücklosen und wohl überforderten Fußballehrer wenige Monate später wieder zu entlassen. Er zog den Holländer Rinus Michels an den Rhein und mußte diesem renommierten Trainer unter dem Druck der Spieler und der Öffentlichkeit nach zwei Jahren den Stuhl vor die Tür setzen.

Die Interessengemeinschaft mit Hennes Weisweiler konnte bei den differenzierten Charakteren nicht von Dauer sein. Der Trainer entzog sich den Weisungen des Klubchefs, ging seine eigenen Wege und betrieb Öffentlichkeitsarbeit, wie er sie für richtig hielt. Als Gast-Kommentator verschiedener Zeitungen pflegte Hennes Weisweiler kein Blatt vor den Mund zu nehmen; er kritisierte andere Klubs und auch den Bundestrainer oder den DFB. Der Trainer ignorierte Weiands Hinweis, er erweitere mit seinen Kolumnen nur den Kreis der FC-Gegner, und er motiviere zudem die Gegner der eigenen Mannschaft zu besonderen Trotzleistungen.
Peter Weiand machte seinem Ärger über den nicht in das eigene Schema zu pressenden Trainer in einem Brief Luft, der dem »Angestellten« jede weitere Schreibtätigkeit untersagte. Daß dieser Brief just am Tage des 60. Hennes-Geburtstags auf Weisweilers Schreibtisch in Neuss landete, vertiefte nur die Kluft zwischen Trainer und Präsident.
Wenige Wochen später sagte Peter Weiand vor dem Hintergrund eines sportlichen Aufschwungs beim 1. FC, auch ein so erfahrener Fußballlehrer wie Weisweiler müsse sich fragen lassen, ob er nach vier Jahren noch fähig sei, eine Mannschaft zu motivieren. Das war der Knackpunkt für das endgültige Zerwürfnis.
Drei Jahre nach Weisweilers Abschied erschütterten neue Stürme den 1. FC in seinen Grundfesten: Harald Schumacher, der an Popularität die früheren Stars des 1. FC – Wolfgang Overath, Hans Schäfer oder Heinz Flohe – bei weitem übertrifft, nahm sich die Freiheit heraus, nicht nur Rinus Michels, sondern auch Vorstandsmitglieder unter Feuer zu nehmen. Peter Weiand sagte seinerzeit im engeren Freundeskreis, eigentlich müsse er den Nationaltorwart nun entlassen. Sein kühler Verstand bewahrte ihn vor dieser Reaktion; sie hätte einen Aufruhr unter der Stammkundschaft provoziert.
Doch Schumachers Forderung, beim 1. FC müßten »Köpfe rollen«, verpuffte nicht ganz wirkungslos. Drei Monate später war das Vertrauensverhältnis zwischen Spielern und Rinus Michels so gestört, daß der »General« freiwillig die Koffer packte.
Peter Weiand wollte nach zehnjähriger Präsidentschaft seinen »Thron« beim 1. FC einem Jüngeren übergeben. Die Mitglieder des Aufsichtsrates, zu denen seit Jahren der 4711-Chef Ferdi Mülhens und

der im Sommer als Vorstandsvorsitzender des Kaufhof-Konzerns zurückgetretene Friedrich B. Rösch gehören, drängten Weiand, die Kommandobrücke noch nicht zu verlassen; Weiand ließ sich überreden und setzte sich eine neue Amtsfrist – bis 1987.
Ob er als Präsident noch einmal den Triumph eines Titelgewinns erlebt, erscheint zweifelhaft genug. Ein Mann wie er kann nicht über seinen Schatten springen und das sportliche Glück mit Pokern herausfordern. Er mied das große Risiko auf dem Transfermarkt wie der Teufel das Weihwasser. Und deshalb wurde der 1. FC Köln nach 1978 nicht wieder mit der Meisterschale des DFB belohnt. Dafür gehört er zu den Klubs, die nicht von Schulden erdrückt werden.

Toni Schumacher

Ich wäre kein Präsident, der in den Spiegel schaut . . .

1972, als ich 18 Jahre alt war, ging der Herzenswunsch meiner Mutter Helga in Erfüllung. Ich bekam einen Vertrag beim 1. FC Köln. »Das ist ein feiner, ein vornehmer Klub«, hatte sie mir immer eingetrichtert.

Doch 1977 schien meine Karriere bei dem exklusiven Klub, für den ich als Dürener Junge in der Südkurve die Fahne geschwungen und mir die Lunge aus dem Leib gebrüllt hatte, schon jäh beendet.

Im Gegensatz zu mir – »Ich war stets überzeugt, ein Großer zu werden« – meinte der damalige Trainer Hennes Weisweiler: »Aus dem wird nie einer.« Aus der Presse entnahm ich damals sein Zitat: »Wenn wir den nicht verkauft kriegen, dann verschenken wir ihn.« Karl-Heinz Thielen, seinerzeit Manager, hatte als meinen Nachfolger bereits Norbert Nigbur von Hertha BSC fest an der Angel.

Just zu diesem Zeitpunkt, es war im Mai 1977, standen wir gegen Hertha BSC Berlin im Pokalfinale. Für mich natürlich ein besonderer Anreiz. Nach einem 1 : 1 nach Verlängerung gewannen wir das Wiederholungsspiel am Pfingsmontag mit 1 : 0.

Nach dem Spiel hatte es dann zwischen Nigbur und FC-Präsident Weiand einen Eklat gegeben, wonach beide Seiten von dem schon fest geplanten Transfer Abstand nahmen.

Außerdem hatte ich in den beiden Spielen den Hennes wohl auch überzeugt, daß ich doch noch eine Zukunft hätte. Ich hatte es endlich geschafft. Ich war beim 1. FC Köln unumstritten die Nummer 1 im Tor.

Im nächsten Jahr schon gewannen wir das Double: Meisterschaft und Pokal. Der 1. FC Köln war nun mein Leben. Mit diesem Klub, und keinem anderen, wollte ich weiter große Triumphe feiern, zumal mir dann 1980 auch noch der Sprung in die Nationalelf gelang, und ich auf Anhieb in Rom Europameister wurde.

Bei dieser Europameisterschaft lernte ich Jupp Derwall näher kennen. Wir beide, als Rheinländer von Geburt, bekamen schnell ein herzliches Verhältnis zueinander.

Das war vorher anders, als der Bundestrainer mich noch nicht persönlich kannte. Durch meine offene Art, mein Selbstvertrauen hatte er mich als »Großmaul« zunächst zurückgestellt. Und die Nummer 1 wurde ich erst, nachdem sich Norbert Nigbur vor der EM verletzte.

Noch vor dem ersten Spiel gegen die CSSR war er skeptisch. So sagte er zu Kölner Reportern: »Jetzt kann er seinen Worten Taten folgen lassen.« Bei den Spielen in Italien habe ich ihn dann wohl endgültig überzeugt. Ich war seine Nummer 1, und unser freundschaftliches Verhältnis wurde intensiviert. Zwei Jahre später wollten wir Weltmeister werden. Als »Vize-Weltmeister« kamen wir aus Spanien zurück. Doch wir beide waren die Buhmänner der Nation. Er wurde als der Trottel beschimpft, dem alle Fäden aus der Hand geglitten sind. Ich war der Schurke, wegen eines Fouls an dem Franzosen Battiston. Ein Foul, das sicherlich für die Fernsehzuschauer schlimm aussah, aber noch heute schwöre ich: Es war keine Absicht dabei, ihn zu verletzen. Ich bin ein Profi, hart gegen mich selbst und den Gegner, doch das vorsätzliche Foul verachte ich – wie hoffentlich jeder meiner Kollegen.

Aber eine unbedachte Äußerung von mir, eine falsch verstandene allgemein gemeinte Äußerung von der »fehlenden Menschlichkeit im Fußball« sorgten dafür, daß ich plötzlich als die Inkarnation des häßlichen Deutschen dastand.

Mein Kopf mußte herhalten für die Pleite gegen Algerien, das Theater gegen Österreich, für das disziplinlose Verhalten einiger Spieler in Spanien. Drei Monate habe ich dafür gelitten.

Ich wurde beleidigt und bedroht. Ich habe mich nicht gewehrt. Ich habe mich verstellt, geschauspielert, mein wahres Naturell unterdrückt. Ich wußte: Der gegen mich geschürte Haß war so groß, daß alles, was ich in dieser Zeit machte, falsch war. So habe ich mich zurückgezogen und nur auf den Fußball konzentriert. Mir war klar: Jetzt mußt du noch besser halten als vorher, sonst machen sie dich ganz kaputt.

Beim Europacup-Spiel gegen Glasgow, beim tollen 5:0-Sieg des 1. FC Köln, da habe ich mich erstmals wieder so gegeben, wie ich bin. Nach über drei Monaten haben sich die Schleusen geöffnet. Da ist alles ausgebrochen, was sich angesammelt hatte. Ein solches Spiel wirkt auf mich wie Rauschgift. Ich habe die Fernsehkamera geküßt, die Zuschauer zum Beifall animiert. Ich finde, die Show gehört zum Geschäft. Ich will mit diesen Gesten eine Verbindung zwischen Spielern und Zuschauern schaffen. Aber einige kapieren das anscheinend nicht. Mein Versuch der Umarmung wurde von vielen als Arroganz abgestempelt.

Noch einmal zur WM in Spanien:

Warum war ich dort so übermotiviert, so aufgekratzt, so aggressiv? Ich wollte alles besonders gut machen, Weltmeister werden. Ich wollte es schaffen – trotz der Disziplinlosigkeit, die ich täglich erlebte. Schon im Trainingslager am Schluchsee hatte ich die Nase so voll, daß ich meinen Freund und Manager Rüdiger Schmitz angerufen und gebeten habe: »Hol mich ab. Ich verzichte auf die Weltmeisterschaft. Bei dem, was hier läuft, hat das ja alles keinen Sinn.«

Wer mich kennt, weiß, daß ich kein Kind von Traurigkeit bin. Nach dem Spiel trinke ich auch mal einen über den Durst. Aber dann bereite ich mich intensiv drei Tage lang auf das nächste Spiel vor. In Spanien aber ging alles so weiter wie am »Schluchsee«. Einmal bin ich in die Öffentlichkeit gegangen, habe gesagt, daß ich als Kapitän auf den Tisch hauen würde. Was ist passiert? Ich wurde als rheinische Großschnauze abgekanzelt, und alles lief so weiter wie vorher.

Und wie war es nachher? Nach dem »Foul« an Battiston? Ist denn auch nur einer dagewesen, der gesagt hätte: »Komm, Toni, wir fahren mit einem Blumenstrauß ins Krankenhaus?« Mit Sicherheit hätte ich das getan. Als ich dann später zu Patrick nach Metz gefahren bin, auf eigene Initiative, da hat er mir gesagt: »Toni, ich mache dir keine Vorwürfe wegen des Zusammenpralls. Da hätte es dich genauso schlimm er-

wischen können wie mich.« Ich habe darauf geantwortet: »Patrick, deswegen bin ich gekommen, dafür will ich mich entschuldigen.«
Aber selbst mein Versuch der Versöhnung, der wirklich von Herzen kam, wurde ins Negative gezogen. Täglich mußte ich neue Haßtiraden lesen. SS-Mann oder Nazi wurde ich genannt. Vorsätzliche Körperverletzung wurde mir vorgeworfen. Ich war drauf und dran, diese Leute zu verklagen. Ich habe es nicht getan, weil ich befürchtete: Dann haben sie wieder neue Munition.
Das Echo auf diese Gemeinheiten war schon schlimm genug. Ich wurde überall ausgepfiffen, mit Steinen und faulen Eiern beworfen. Da hatte ich doch manchmal ein mulmiges Gefühl in der Magengegend. Bei einem Gastspiel in Paris wurde ich von Sicherheitsbeamten durch den Heizungskeller ins Hotel geführt. Aber das schlimmste war, daß selbst meine Familie da reingezogen wurde. Meine Eltern wurden angepöbelt, meine Kinder sollten entführt werden. Jeder kann sich vorstellen, daß es in dieser Zeit für mich schwer war, mich auf den Fußball zu konzentrieren. Aber vor allem unser Trainer Rinus Michels stand wie eine eins hinter mir. Auch die Kollegen hatten Verständnis, daß ich ein anderer Mensch geworden war.
Sie akzeptierten, daß ich mich zurückzog und nicht – wie früher üblich – mich an dem Flachs beteiligte, der bei uns Kölnern besonders ausgeprägt ist. Nach dem Belgien-Länderspiel, bei dem ich erstmals Beifall statt Pfiffe zu hören bekam, war mein Seelenleben eigentlich schon wieder intakt.
Mich juckte es hier und da, mal wieder den Mund aufzumachen – auf dem Spielfeld einen Purzelbaum zu schlagen. Doch ich hielt es für verfrüht, mich schon wieder so offen und ehrlich zu geben. Zuviel Mißtrauen war noch da. So spielte ich weiter den Muffel in der Öffentlichkeit und stand wie ein Marmorblock in meinem Tor. Es war sehr schwer für mich, mein Temperament zu zügeln. Deswegen war ich häufig schlecht gelaunt, weil ich schlechte Laune vorspielen mußte.
Inzwischen bin ich wieder der alte Toni geworden. Als Rheinländer kommt man, Gott sei Dank, über manche Dinge schneller hinweg als manch anderer, zumal ich mich in Köln total ausleben kann. Da habe ich das Umfeld, das ich brauche: den Dom, die ›Höhner‹, den Karneval, das Kölsch und die Jungs in der Südkurve. Ja, auch sie liebe ich, auch wenn sie manchmal über die Stränge schlagen. Ich weiß, daß es

Oben:
Als Toni (Mitte) noch hinter Welz (r.) und Topalovic (l.) die Nr. 3 war

Links:
Toni mit seinem Freund Bernd Cullmann im Karneval

Toni zwischen Jubel (oben) und Ärger (unten)

hinter ihren Masken, die sie aufsetzen, ganz anders aussieht. Schließlich habe ich selbst dort mal gestanden.
So war es für mich niemals ein Thema, den Verein zu verlassen. Ich habe nie ernsthaft mit einem anderen Klub verhandelt. Vereinstreue und die Liebe zu Köln waren mir stets mehr wert als 50 000 oder 100 000 Mark mehr im Jahr.
Lediglich am 10. September 1983, als der Vorstand mich sperrte, mir damit meine Serie (215 Spiele in Folge) zerstörte, da hätte ich auf der Stelle bei jedem x-beliebigen Verein unterschrieben. Auch für weniger Geld.
Man hatte mich gesperrt, weil ich Kritik geübt hatte. Öffentlich natürlich. Aber wie soll ich mir anders Gehör verschaffen. Wie soll ich anders warnen, daß die Mannschaft zu schwach ist und neue Spieler geholt werden müssen.
Nach meiner Meinung müßten die Leistungsträger der Mannschaft, die sich durch langfristige Verträge zu ihrem Klub bekennen, mehr Mitspracherecht haben. Sowohl beim Einkauf neuer Spieler wie bei der Trainer-Frage.
Wir haben doch durch die Nationalelf die besten Kontakte zu den anderen Star-Spielern, wir merken als erste, wenn es in anderen Clubs Probleme zwischen Trainer und Mannschaft gibt.
Es tritt im Verhältnis zwischen den Spielern und dem Trainer irgendwann eine Situation ein, in der es nicht weitergeht. Wenn sich dann der Vorstand hinter dem berühmten Satz (»Bei uns wird kein Trainer entlassen«) verschanzt, tut er keinem einen Gefallen.
Weder dem Trainer (irgendwann muß er doch gehen), noch der Mannschaft (sie ist in sich zerrissen), noch sich selbst (der Klub gerät in Krise und Chaos).
Das beste Beispiel ist doch der Fall Rinus Michels. Ich selbst hatte keinerlei Probleme mit ihm, halte ihn noch heute für einen der besten Trainer, die der 1. FC hatte, doch der größte Teil der Mannschaft wünschte ihn zum Boxberg. Allen voran unsere Leistungsträger Klaus Allofs und Pierre Littbarski.
Was sollte da noch rauskommen? Ähnlich war es im Fall von Karl-Heinz Heddergott. Weil er zu lange gehalten wurde, verloren wir Bernd Schuster. Mit ihm wäre der 1. FC Köln heute europäische Sonderklasse.

Der Bernd, mit dem ich heute noch befreundet bin, ist sicherlich kein einfacher Typ. Keiner, der die Klappe hält und kuscht. Aber er ist Fußballverrückter wie ich. Einer, dem keiner zu sagen braucht, wie er sich vorher und auf dem Spielfeld zu verhalten hat. Ein Profi durch und durch. Aber an ihm hat man herumgenörgelt, herumerzogen bis er auch noch für die Nationalelf verloren war und lieber auf Ibiza Kartoffeln pflanzt.

Persönlichkeiten entwickeln sich höchst selten aus Duckmäusern und Drückebergern. Aber dazu werden sie erzogen, wenn sie als junge Profis bei jedem Wort eins aufs Maul bekommen.

Mir fällt da der Thomas Berthold aus Frankfurt ein. Keß und frech sagt er wie ich seine Meinung. Was passiert? Er wird gezüchtigt von allen Seiten, eingeritten wie ein junges Pferd.

Wen wundert es, daß die Jungs dann die Einstellung bekommen: Stündchen trainieren, Haare fönen, ab ins Auto, weg biste.

Ich habe mich mal zu dem Spruch verleiten lassen: Diese Jungs sind alles faule Säcke. Doch heute sehe ich das alles etwas anders. Sie werden zwar bei jedem falschen Wort bestraft, aber wer kümmert sich um sie, warnt sie vor falschen Freunden?

In den Vereinen, auch im 1. FC Köln, müßte jemand hauptamtlich da sein, nur um die jungen Leute zu betreuen. Was machen sie nach dem Training? Da schert sich keiner drum. Warum stellt der Verein keinen Englisch-Lehrer ein? Eine Fremdsprache würde keinem schaden. Im Klub müßten Fachleute sein, die den Jungs für finanzielle Ratschläge zur Verfügung stehen.

Mit 18, 19 oder 20 braucht jeder noch Hilfe. Aber auch später ist ein Freund, ein Berater sehr wichtig. Man kann sich um so mehr auf den Fußball konzentrieren. Und das ist notwendig, um ganz nach oben zu kommen.

Das Leben eines Profis ist nicht so, wie sich das Klein Fritzchen vorstellt. Am Samstag 90 Minuten Ballgeschiebe, dann rein in den Porsche und ab in das Traumhaus mit Swimmingpool.

Zu Luxusauto und Luxusvilla bringen es sowieso nur die wenigsten. Und dafür müssen sie oft einen harten Weg gehen.

Für mich waren in den letzten Jahren höchstens 14 Tage Urlaub im Jahr drin. 1984 habe ich sogar die karge Ferienzeit genutzt, um mich operieren zu lassen. Man sollte den Streß, jeden Samstag auf dem Präsentierteller zu stehen, nicht unterschätzen. Und Familienleben? Wer nicht eine so verständnisvolle Frau findet, wie ich in meiner Marlies, der sollte sich überlegen, ob er überhaupt heiratet. Es gab Jahre, da war ich von 365 Tagen fast 200 unterwegs.

Ist der Beruf des Fußballprofis wirklich ein Traumjob? Sicherlich nicht für jedermann. Für mich allerdings ja, weil ich mit Leib und Seele dabei bin, mich durchsetzen kann. Wenn ich in ein volles Stadion komme, dann ist das für mich wie Rauschgift.

Deswegen bin ich sauer, wenn ich sehe, wie leer manchmal das schöne Müngersdorfer Stadion ist, wenn wir spielen. Der 1. FC verkauft sich zu schlecht, der Vorstand ist nicht volksnah genug. Die da oben wissen gar nicht, was die Jungs da in der Südkurve fühlen, wie sehr eine nette Geste sie glücklich macht und auch vom Randalieren abhält. Ich weiß, daß es hinter deren Masken manchmal ganz anders ausschaut. Ich habe schließlich selbst dort mal gestanden.

Und weil ich glaube, vieles anders machen zu können aus meiner langjährigen Erfahrung, ist es nach der aktiven Laufbahn mein Wunsch, Präsident des 1. FC Köln zu werden.

Ich weiß, viele gucken da etwas »schäl« bei dem Gedanken, daß der »Tünn« der »Big Boß« sein soll. Aber auch der gute alte Hennes Weisweiler hätte wohl 1977 so geguckt, wenn man ihm gesagt hätte, in drei Jahren ist der Toni die Nummer 1 in Deutschland.

Mein Ziel ist es, daß der 1. FC die führende Rolle in Deutschland spielt. Dafür habe ich in meiner Torwart-Laufbahn alles gegeben, alles riskiert und werde auch danach dafür kämpfen. Ich wäre sicherlich kein Präsident, der in den Spiegel schaut, ob die Krawatte auch richtig sitzt. Ich wäre mehr einer, der die Ärmel hochkrempelt.

Denn das habe ich inzwischen gelernt. Wichtiger als ein feiner Verein zu sein, ist es, ein erfolgreicher zu sein.

Denn wie heißt es so schön: Vornehm geht die Welt zugrunde . . .

Die Dompteure

Warum es die Trainer beim 1. FC so schwer haben und der richtige noch gebakken werden muß, erzählt Hermann Josef Weskamp.

Als der Fußball-Nationaltorwart Harald Schumacher – für seine vielen Fans und Freunde auch außerhalb des rheinischen Sprachgebrauchs allenthalben »der kölsche Tünn« – sein Ziel erreicht hatte, den holländischen Trainer Rinus Michels zur Resignation und zum vorzeitigen Verzicht auf Amt und Würden zu zwingen, kam ihm eine (Selbst-)Erkenntnis über hiesige landsmannschaftliche Eigenarten: »Der Trainer, der zu uns paßt, muß wohl noch gebacken werden.«
Diese Einsicht besaß einige Tiefenschärfe. Die den leichten Seiten des Lebens, eher der Entspannung als der Spannung zuneigenden Kölner Spieler haben sich stets schwergetan mit jenen Autoritäten, die im Kraftfeld von Spontaneität, Vertrauen und Ordnung, in dem eine Mannschaft reift und blüht, das Schwergewicht auf kontrollierte Strenge legten. Der Sport ist da ein gutes Spiegelbild der alltäglichen Verhältnisse. So wie es ja seit jeher kölnischer Brauch war, Obrigkeiten durch Witz und Ironie vom hohen Sockel zu holen, Zwängen durch Schlagfertigkeit die Schärfe zu nehmen.
Als Beleg dafür mag jene Anekdote herhalten, die aus dem Vorfeld der Revolution gegen die preußische Herrschaft (1848) rührt. Köln war damals die erste preußische Großstadt, und als das Bürgertum sich gegen die Staatsgewalt wehrte, erschien Militär auf der Bildfläche. Den schußbereiten Soldaten schleuderte aus der Menge jemand die Frage entgegen: »Ja, seht ihr denn nit, dat he Minsche stonn?« Die brisante Situation war gerettet, Blutvergießen gab es nicht.
Vorzeitige Trennung von Trainern hat es in der Geschichte des 1. FC Köln immer wieder gegeben. Die Gründe waren sehr unterschiedlich. Michels ging, weil die Spieler es nicht mehr mit ihm konnten. Heddergott mußte gehen, weil er es mit den Spielern nicht konnte. Lorant wurde verabschiedet, weil er sich mit dem Vorsitzenden überworfen hatte. Weisweiler ging von sich aus, weil er das Gesetz des Handelns selbst in der Hand halten wollte, und Cajkovski ging, weil nichts mehr ging.
Der 1. FC Köln war eigentlich schon seit seinem Gründungstag eine

der besseren Adressen im deutschen Fußball. Die Ausstrahlung des Klubs, die Attraktivität vieler seiner Spieler hat immer wieder namhafte Fußballpädagogen gereizt, im Schatten des schmucken Klubhauses »Zum Geißbock« den nationalen und internationalen Erfolg zu suchen. Daß es bei dem Selbstverständnis der Vorstandsherren eines Großvereins, der über die Jahre hinweg auch seinen Einfluß auf das gesellschaftliche Leben der Metropole Köln hatte, und den Ansprüchen prominenter Trainer häufig zu Reibereien kam, konnte nicht ausbleiben.

Karl Flink war der erste Mann, der nach der Fusion 1948 das Kommando übernahm. Er war noch im Trikot des Kölner Ballspiel-Clubs (KBC) zu internationalen Berufungen gekommen. Doch es handelte sich nur um eine Übergangslösung. Dann trat Hennes Weisweiler als Spieler und Trainer zugleich in die Verantwortung.

Weisweilers Nachfolger wurde Helmut Schneider aus Dortmund. Der damalige Nationalspieler Jupp Röhrig, der über die Jahre hinweg viele Betreuer hat kommen und gehen sehen, erinnert sich: »Schneider war ein sehr ehrgeiziger Mann, dem die Erfolgsserie der Saison 1952/53 mit elf Spielen ohne Niederlage genau richtig kam. Als ausgerechnet die Dortmunder Borussen diese Reihe durchbrachen, erholte er sich von dem Schock nicht mehr.«

Nach einem Jahr schied Schneider nicht ganz freiwillig, und es kam Karl Winkler, »der eiserne Karl«, Bruder des Wormser Spielers Willi Winkler. Ihn hatte Professor Nerz, der erste Bundestrainer (bis 1936), 1928 ins Dreß mit dem Bundesadler (gegen Norwegen) berufen. Karl Winkler hatte einige Semester Medizin studiert und hielt sich auf seine »ärztlichen« Kenntnisse einiges zugute. Seine gewaltige Stimme war weithin zu hören, seine Schützlinge fürchteten ihren rauhbeinigen Meister.

Das genaue Gegenteil von der Mentalität her war der Schwabe Kurt Baluses. Er galt als »lieber und netter Kerl«, ein Theoretiker, der keine statistische Aufstellung unausgenutzt ließ. Er war nun auch wieder nicht der richtige, Jupp Röhrig ist noch heute der Meinung, Baluses sei vielleicht »für das damals schon harte Trainergeschäft zu weich gewesen«.

Die Namen wechselten bis zum Ende der fünfziger Jahre sehr schnell. Weisweiler kehrte erstmals zurück, dann nahm der Ungar Peter Szabo die Zügel in die Hand, in seiner Heimat auch schon internationaler Auswahlspieler. Er legte sich mit den älteren Kickern an und scheiterte. Oswald Pfau war Staatstrainer in der DDR, ehe er einen Vertrag beim 1. FC Köln unterschrieb. Er leitete die Übungsarbeit eher generalstabsmäßig, hatte für jeden Teil einen genauen zeitlichen Ablauf vorgesehen, der penibel einzuhalten war.

1961 begann die große Zeit des kleinen »Tschik«. Zlatko Cajkovski, der vor Lebenslust sprühende Jugoslawe, als Aktiver einer der ganz Großen auf dem Fußball-Globus, hatte genau hundertmal das Leibchen mit dem springenden Geißbock getragen und war im Müngersdorfer Stadion wie ein wahrer Kugelblitz eingeschlagen, war einfach jedermanns »Darling«.

Nun war er wieder da, der rundliche Freund guter Lebensmittel, ein Bündel Kauderwelsch im Gepäck, dazu seinen unangreifbaren Optimismus im treuen Augenaufschlag.

Spätestens hier stellt sich die Frage, was so ein Trainer eigentlich macht. Als sich der Jugendliche Berti Vogts auf dem Bökelberg bei ihm vorstellte, wies ihn Hennes Weisweiler in die andere Ecke des Trainingsplatzes und befahl: »Nun üb' mal schön den jraden Schuß.« Das müssen die etablierten Spieler der ersten Mannschaft nicht mehr. Aber gewisse Grundvoraussetzungen ihres Handwerks drillt auch ihnen der Trainer immer wieder ein. Sicherheit in sogenannten Standardsituationen hat schon so manche Partie entschieden.

Wer sind sie, diese Trainer, deren Berufsbild in der Öffentlichkeit zwischen Zampano und Magier, zwischen Kumpel des Spielers und Kuli des Präsidenten schwankt? Sind sie väterliche Freunde, Tiefenpsychologen, die die Herren Kicker auf die Couch bitten, wenn der Flachpaß mal nicht ankommt, Oberlehrer oder einfach nur Animateure, die die Jungs bei Laune halten? Dettmar Cramer, der große Weise, der im Morgen- und im Abendland als eine Art Wanderprediger sein Wissen über begabte und unbegabte Athleten ausstreute, hat nie aus seiner selbstkritischen Meinung ein Hehl gemacht, daß der Einfluß seines Standes in der Vorstellung der Fans weit überbewertet werde.

Tschik versuchte es in Köln mit seiner Methode in einer Mischung zwischen Juxbaron, Stimmungskanone und Volksheld. Bei Präsident Franz Kremer hatte er zwar eine gute Portion Narrenfreiheit, doch den Respekt vor den Spielern bezog er eher aus seiner Vergangenheit.

Wie das immer so ist, wenn einer als Spieler eine besondere Nummer war, genoß er die Achtung seiner Schützlinge, denen er am Ball meistens noch etwas vormachen konnte.
Tschik Cajkovski konnte stundenlang von früheren Fußballfesten plaudern, bei denen – natürlich – er selbst immer die Hauptperson war. Das weckte bei seinen Zuhörern das Verlangen, es dem Meister gleichzutun, im Kampf um Punkte und Prämien eine ähnliche Kunstfertigkeit zu entwickeln. Es gibt gewiß nicht viele in diesem schillernden Metier, die mit einfachen Mitteln ähnliches Feuer der Begeisterung zu entfachen wissen.
Anfällig gegen Kritik in den Medien, wollte der Jugoslawe einem Journalisten, der es gar nicht gut mit ihm gemeint hatte, bei einer Weihnachtsfeier des FC die Autoreifen durchstechen. Nur schwer war er von diesem Revanchefoul abzubringen. Zu seinen erklärten Lieblingen gehörte der Verteidiger Toni Regh aus dem Eifelörtchen Stotzheim, von Tschik nur »Rräck« gerufen. Fragte ihn jemand nach dem Ersatzspieler für alle möglichen Positionen, antwortete Tschik stereotyp »Rräck«.
Mit Cajkovski wurden die Kölner 1962 Meister und ein Jahr später Vizemeister. Dann zog es »kleines, dickes Tschik« an die Isar, und Franz Kremer rief ihm bewegt nach: »Sie dürfen immer wiederkommen.« Dem Trainer rannen die Tränen übers Gesicht, und später kehrte er dann ja auch tatsächlich zurück.
Die gute alte Oberliga hatte ausgedient, die Bundesliga begann, Professionalismus war gefragt. Die Kölner, so schien es, waren bestens präpariert. Auf der Kommandobrücke hatte nun Georg (»Schorsch«) Knöpfle das Sagen, ein Altinternationaler (23 Länderspiele), ein karger und knorriger Typ, hart gegen sich selbst und andere. Der bescheidene Mann, der sehr gesundheitsbewußt lebte, die Butter auf dem Brot mied und mit Eifer und Ausdauer auf den Langlaufskiern stand, machte sich selbst mit dem Gewinn der Meisterschale das schönste Geschenk zum 60. Geburtstag. 1966, nachdem die Kölner ein Jahr zuvor in der Abschlußrechung den zweiten Platz erreicht hatten, kehrte der Schwarzwälder zum Hamburger SV zurück, wo er zuvor schon fünf Jahre Trainer gewesen war. Ein gutes Verhältnis verband Knöpfle besonders mit dem damals noch jungen Nachwuchsspieler Hannes Löhr, der später einmal einer seiner Nachfolger werden sollte.

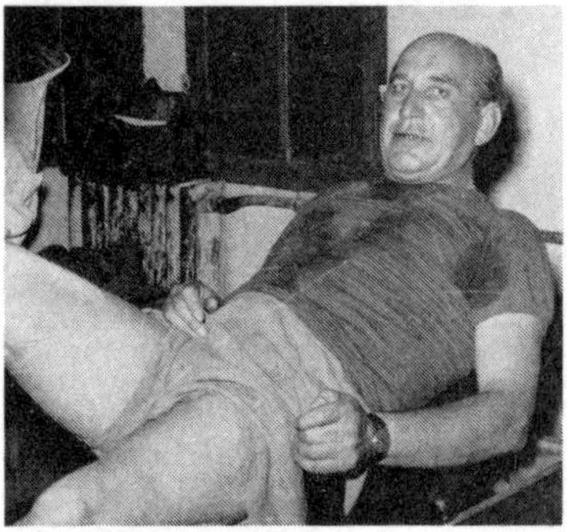

Oben: Trainer Helmut Schneider mit der starken FC-Mannschaft von 1953
o. v. l.: Hirche, Müller, Röhrig, Carlier, Nordmann, Gawliczek, Schäfer, Wichelhaus, Breuer, Ihns
u. v. l.: Mebus, Langen, de Munck, Graf, Becker

Unten: Weitere Trainer der 50er Jahre von links: Karl Winkler, Kurt Baluses, Oswald Pfau

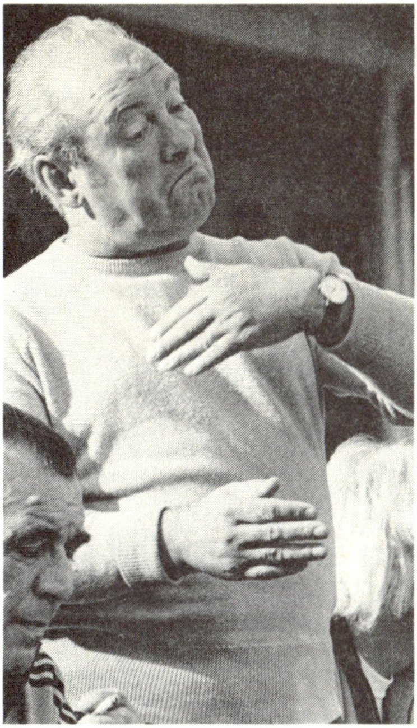

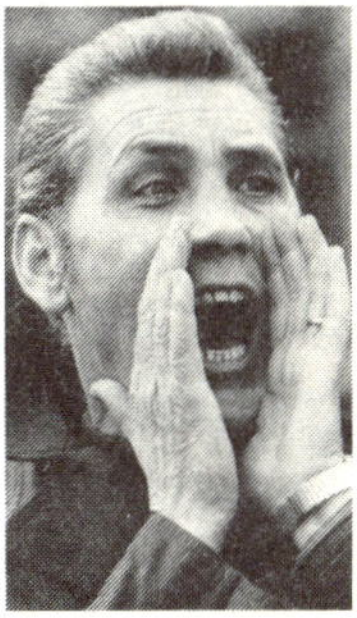

Oben links: Tschik Cajkovski in typischer Pose

Oben rechts: Hans Merkle als Vorturner

Unten: Große Trainer, die es in Köln nicht leicht hatten. V. l.: Hans Multhaup, Ernst Ocwirk, Gyula Lorant, Rinus Michels

Ein Mann mit der gewiß nicht zu unterschätzenden Fähigkeit, die eigene werte Person gegenüber Publikum und Presse gut zu verkaufen, war der nächste. Willy Multhaup, genannt »Fischken«, hatte einiges vorzuweisen, und das kam ja bei den Kölner Präsidialen, die sich stets gern mit großen Namen schmückten, bestens an. Der Mann aus dem Ruhrgebiet, »der blonde Hans« wie er bald nach einer sinnfälligen Ähnlichkeit mit Hans Albers hieß, war 1965 mit Werder Bremen Meister geworden und hatte im Jahr darauf mit Borussia Dortmund gar den Europa-Pokal gewonnen.

Multhaup galt als Startrainer, eine Bezeichnung, die er sich gerne anheftete, die aber schon bald eine inflationäre Entwicklung nehmen sollte. Trotz allen Selbstbewußtseins konnte er nie über den eigenen Schatten springen, sondern hielt aufgrund seines Respekts vor Tradition und Größe des Kölner Klubs auf Distanz. Als der Spieler Karl-Heinz Thielen sein Examen als Diplom-Kaufmann bestanden hatte, redete ihn der Trainer plötzlich mit »Sie« an.

Weil ihm die Identifikation mit Kölner Verhältnissen nicht gelingen wollte, verlor Willy Multhaup bald an Autorität. Beim 4:1-Sieg über den VfL Bochum im Ludwigshafener Südweststadion saß er verletzt auf der Trainerbank, sein Nachfolger Hans Merkle schon auf der Tribüne, und die praktische Arbeit tat Hans Schäfer, der Weltmeister von 1954, der schon immer die Ärmel hochgekrempelt hatte, wenn Not am Mann war.

Dieser Merkle, der gar nicht so grantig war wie er ständig aus der Wäsche schaute, weshalb ihn die Spieler gleich mit dem Spitznamen »Granit-Hansl« belegten, war eine ehrliche Haut, der geradeheraus sagte, was er von anderen dachte. Manchmal war das schwer verständlich, denn Merkle neigte sehr zu seinem badensischen Dialekt. Er wollte ein strenges Regiment führen. Indes, Hantel-Training und sonstige schweißtreibende Übungen, die damals noch ausschließlich zum ureigensten Programm von Schwerathleten gehörten, mußte er bald von der Tagesordnung streichen.

Merkle, der einem guten Schnaps gegenüber nicht abgeneigt war, wurde in der zweiten Saison eine Israel-Reise zum Verhängnis. An der Klagemauer in Jerusalem klagte der deutsche Sportlehrer mit antisemitischen Äußerungen. Der Vorstand, Präsident Oskar Maaß an der Spitze, sah sich zu Konsequenzen gezwungen.

Gegensätzlicher konnte der fliegende Wechsel nicht sein, der sich nun am Geißbockheim vollzog. Der Österreicher Ernst Ocwirk, einst ein Aushängeschild der hohen Wiener Fußballschule, ein Mann mit profundem Fachwissen und vollendeten Umgangsformen, hatte nichts mit dem »Feldwebel« Merkle gemein. Von tiefer Abscheu gegen die »Schmäh«-Mentalität seiner Landsleute Max Merkel und Ernst Happel erfüllt, wirkte er zuweilen in seiner distanzierten Ernsthaftigkeit zwar verbindlich, aber auch introvertiert.

Aus Italien, wo er in der Zielgeraden seiner aktiven Karriere gespielt und zunächst als Trainer gearbeitet hatte, brachte Ocwirk ein tiefes Mißtrauen gegenüber den Profis mit. Er fürchtete allenthalben Manipulationen, ja sogar Doping-Versuche. Der leidenschaftliche Schachspieler, den alle, die es mit ihm zu tun hatten, noch heute als »feinen Kerl« beschreiben, nutzte die Gelegenheit einer Kontroverse mit dem Vorstand über den Sinn einer aus wirtschaftlichen Gründen angesetzten Südamerika-Reise zur vorzeitigen Kündigung. Vor allem zog es jedoch seine Frau in die Heimat zurück, wo die Familie ein schönes Haus gebaut hatte.

Der Nachfolger kam aus Ocwirks Nachbarschaft, Gyula Lorant aus Ungarn, Mittelläufer jener legendären Mannschaft in den 50er Jahren, die mit ihrem feurigen Pußta-Rhythmus Geschichte schrieb und Geschichten machte. Lorant war in jener Elf der Spieler, der die gröberen Aufgaben erfüllte, auf gut deutsch gesagt ein Klopper.

Der Trainer, der nach Feierabend die dicke Havanna-Zigarre genoß und sich den schweren Rotwein eingoß, blieb seiner Devise treu und machte den Kickern gleich »Feuer unterm Arsch«, wie er sich auszudrücken beliebte. Doch er war bald durchschaut. Als er mit dick bandagiertem Knie erschien und klagte, sein Meniskus sei kaputt, stellte sich das alsbald als fromme Legende heraus. Der Trainer, den bei der Verpflichtung neuer Spieler nur die Frage interessierte, ob es sich um einen Links- oder Rechtsfüßler handele, hatte nur keine Lust zur Arbeit. Dem Profi Thielen, der später auch als Manager nicht viel von dem Ungarn hielt, sagte er nach, er könne zwar Klavier spielen, aber das Instrument nicht tragen.

Als Lorant nach einer bösen Beschimpfung des Präsidenten Maaß gefeuert worden war, übernahm kurzfristig Konditionstrainer Rolf Herings, der frühere Speerwurfmeister und Diplom-Sportlehrer, die Regie.

Diese Aufgabe kam später nochmals auf ihn zu. Zur Saison 1972/73 wurde dann Rudi Schlott, der frühere Assistent Weisweilers in Mönchengladbach, verpflichtet, ein kreuzbraver Mann, Lehrer in Langenfeld. Er blieb blaß, hatte wohl seine Stärken im theoretischen Bereich.

Mit Schlott wurde die Mannschaft 1973 Vizemeister und verlor das unvergeßliche Pokalendspiel in Düsseldorf gegen Weisweilers Borussen-Fohlen. Als die Siege seltener wurden, mußte er gehen.

Es erschien ein alter Bekannter: Tschik Cajkovski. Als das Kölner Ensemble zum UEFA-Cup-Spiel gegen Eskisehirspor Kulubu flog, stieg der neue Mann in München zu. Auf dem Weg zum Hotel ließ er plötzlich den Bus halten und sorgte dafür, daß alle Spieler eine Portion Joghurt bekamen: »In der Türkei gibt's den besten Joghurt.«

Doch die Zeiten hatten sich geändert, der Fußball mit ihnen, und Cajkovski, der bald in den Fehler verfiel, in seiner alten Kumpel-Mentalität mit den Spielern um Geld Karten zu spielen, hatte nicht mehr die Ausstrahlung von damals, als seine Kölner Mannschaft einen berauschenden Fußball bot. Spektakulären Siegen folgten blamable Niederlagen, denn dem kleinen Trainer gelang es nicht, die schon sprichwörtliche Launenhaftigkeit der »Geißböcke« einzuschränken. Schließlich fiel er selbst zuweilen aus den höchsten Himmelshöhen in tiefste Depressionen.

Am Ende stand er traurig und ziemlich allein da und versuchte, mit dem Rest von Knautschlack-Charme, in seiner bunten, wollenen Zipfelmütze Wohlwollen einzusammeln, wie es eine Kölner Zeitung anschaulich beschrieb.

Eine Interimslösung war dann die Bestallung des früheren Nationalspielers Georg Stollenwerk, der sich energisch in die Arbeit kniete, dann aber der erste war, der 1976 dem Heimkehrer Weisweiler die Hand reichte und Glück wünschte.

Die Zeit nach »Don Hennes« blieb unruhig. Zunächst holte man – gegen den Rat von vielen Fachleuten – Karl-Heinz Heddergott, der lange beim DFB und in Diensten der FIFA gewirkt hatte. Er, der Amateur, der die Wolfsrudelmentalität der Berufsspieler nicht verstand, mußte schon bald das Handtuch werfen. Mit seiner Hipp-Hipp-Hurra-Einstellung hatte der Gitarrenspieler Heddergott, in dessen kurze Amtszeit die Affäre um Bernd Schuster fiel, trotz verzweifelter Gegenwehr nie eine Chance.

Seinen Nachfolger, den Holländer Rinus Michels, charakterisiert am besten eine Episode, die sich am Rande eines Turniers in Madrid zutrug. Michels betreute damals die Elf von Ajax Amsterdam, zu der auch der Spieler Piet Kaiser zählte. Der durfte – aus privat-geschäftlichen Gründen – verspätet in der spanischen Hauptstadt anreisen. Statt jedoch mit dem Flugzeug, benutzte der sparsame Kicker sein eigenes Auto und traf prompt erst kurz vor dem Anpfiff ein. Als er sich in der Kabine sein gewohntes Trikot mit der Nummer 11 überstreifen wollte, gab ihm Michels das Dreß mit der 14 auf dem Rücken und dem Hinweis: »Sorry – das ist Ihr Trikot.« Das war's dann.
Michels wäre wohl länger am Rhein gewesen, hätten seine Kollegen nicht »Toni« Schumacher ständig in den Ohren gelegen. Als er verbittert den Rücken wandte, wechselte Johannes Löhr den Stuhl des Managers mit der Bank des Trainers. Ausgerechnet zu Karneval, wenn am Rhein die Narren losgelassen werden, sollte es sich nach 2½ Jahren zeigen, daß auch Trainer Johannes für kölsche Verhältnisse offensichtlich nicht aus dem rechten Holz geschnitzt oder aus dem richtigen Teich gebacken war. Trotz seines ausgeprägten »Näschens« (Löhr), das ihm nach eigenem Bekunden stets geholfen hat, »in diesem Klubs schon dienstags zu riechen, was freitags passieren könnte«, schafften die Klüngelsverhältnisse rund um das schmucke Klubhaus »Zum Geißbock« jenen Mann, der sich 22 Jahre lang – zuerst als Spieler, dann als Co-Trainer, schließlich als Manager und letztendlich als Cheftrainer – dem Verein verbunden fühlte.
Fastelovend nennen die Kölner ihre fünfte Jahreszeit. Es verhalten sich dann auch Leute außerhalb der üblichen Regeln bürgerlichen Zusammenlebens, die ansonsten ganz vernünftig sind. 1985 gab es auf der traditionellen Sitzung des 1. FC Köln zwischen Bühne und Großküche der Sartory-Festsäle den großen Knatsch um Toni Schumacher. Ein Jahr später wurde der überraschten Öffentlichkeit pikanterweise zu Weiberfastnacht, wenn die Damen die Hosen anhaben, mitgeteilt, daß sich die Wege des Trainers Löhr und des 1. FC Köln trennen. Der Nachfolger hieß Georg Keßler, ein Fußball-Lehrer, den selbst eingefleischte Fans nur schwer in die Historie der Bundesliga unterzubringen wußten.
Den Anfang vom Ende bereiteten Löhr ausgerechnet die Schützlinge seines Freundes Erich Ribbeck aus dem benachbarten Leverkusen,

wohin die Kölner in der Vergangenheit meistens eher mitleidig geblickt hatten. Der freitagabendliche 3:2-Sieg der Bayer-Elf im Müngersdorfer Stadion war für den FC vor 7300 zahlenden Zuschauern die fünfte Partie in Folge ohne Sieg, die Abstiegsgefahr breitete sich bedrohlich aus. Es sei an der Zeit, befand der Trainer, ein Zeichen zu setzen, das das Vertrauen zwischen ihm und den ziemlich verunsicherten Profis stärke. Man solle entweder seinen Vertrag wie gewünscht um ein Jahr verlängern oder ihm frei ins Gesicht sagen, daß man sich von einem anderen Mann bessere Ergebnisse erhoffe: »Ich klebe nicht an meinem Stuhl . . .«.

Es entspann sich das übliche taktische Geplänkel. Das Präsidium hielt sich bedeckt, Vizepräsident Karl-Heinz Thielen ließ lediglich nach Politiker-Vorbild vieldeutig verlauten, man plane weiter mit Löhr. Doch als der Trainer drei Tage später versuchte, Nägel mit Köpfen zu machen und mit Rücktritt drohte, kam es zum Bruch.

Die genauen Umstände blieben, auch das ist in Köln ja nicht neu, im Dunkeln. Frei nach dem Motto »Halb zog es ihn, halb sank er hin« war Hannes Löhr, Kölner Urgestein und mit dem unergründlichen Innenleben dieses Klubs vertraut wie nur wenige, jedenfalls plötzlich seinen Job los. Donnerstags leitete er letztmals das Training, dann verabschiedete er sich von den völlig überraschten Spielern, packte seine sieben Sachen und verschwand.

Löhr jedenfalls hatte sein Gesicht gewahrt, er hatte es seinem Vorbild und früheren Chef Hennes Weisweiler gleichgetan, das Heft des Handelns in der Hand behalten und von sich aus für klare Verhältnisse gesorgt. Freilich, er war wohl auch einem weniger eleganten Rausschmiß zuvorgekommen. Das Risiko dieses Berufs hatte wieder einmal das schwächste Glied in der Kette eines Berufsspieler-Vereins gesprengt.

Die Profis, vor allem die Nationalspieler, die erst tags zuvor nach einem 2:1-Sieg in Avellino über Weltmeister Italien, von einer viertägigen Reise mit der Nationalmannschaft zurückgekehrt waren, reagierten entsetzt. Sie hatten sich fast einhellig für eine Fortsetzung der Zusammenarbeit mit ihrem Trainer ausgesprochen. Harald Schumacher, der noch mit Löhr zusammen die Stiefel geschnürt hatte, sprach von »Ohnmacht, Trauer und Wut«. Wieder einmal sei man »wie der letzte Dreck« behandelt, nicht gefragt und nicht informiert worden. Pierre Littbarski, der sein Verhältnis zu Löhr mit dem eines Vaters zu seinem

Oben: Strahlend begrüßt Präsident Weiand den neuen Trainer Georg Keßler –
Unten: Weniger fröhlich waren die Spieler beim ersten Training mit dem Löhr-Nachfolger: Steiner, Allofs, Schumacher (v. l.)

Sohn verglich, meinte, es falle ihm nun noch leichter, den Klub zu verlassen: »Wenn nicht nach Italien, dann nach Frankreich oder Spanien«. Klaus Allofs, der Spielführer, bezeichnete den Vorgang als »ein trauriges Kapitel«. Man solle sich in diesem Geschäft keinerlei Illusionen hingeben.

Ungerührt, kühl und distanziert verkündete Präsident Peter Weiand seine Version der Entwicklung: »Wir sahen uns in der augenblicklichen Situation nicht in der Lage, dem Wunsche des Herrn Löhr nachzukommen und seinen Vertrag zu verlängern«. Dann ging er zur Tagesordnung über: »Ich danke Herrn Keßler, daß er den Mut aufgebracht hat, ins kalte Wasser zu springen. Wir hatten keine andere Wahl und hoffen, die richtige Entscheidung getroffen zu haben«.

Georg Keßler, 1933 im Saarland geboren, »Sir Georg«, wie man ihn seiner perfekten Manieren und feinen Maßanzüge wegen in der Branche nennt, war von 1974 bis 1977 Trainer von Hertha BSC Berlin. Er wurde mit der Mannschaft Vizemeister und spielte mit ihr zu Pfingsten zweimal in Hannover im Pokalendspiel gegen den 1. FC Köln, der unter der Regie von Weisweiler im zweiten Anlauf den goldenen DFB-Pokal gewann.

Keßler arbeitete in Holland und Belgien, in Österreich und Griechenland, wo er sich 1985 vorzeitig von Olympiako Piräus trennte. Er spricht perfekt vier Sprachen, ein weltläufiger Mann, für die Kölner Vorstandsherren die richtige Adresse. Freitags leitete er das erste Training, samstags verlor die Mannschaft beim Tabellenführer Werder Bremen mit 0:2.

Hannes Löhr

Vielleicht war ich nicht egoistisch genug …

Es war am 7. September 1964. Ich bestritt mein erstes Bundesliga-Spiel. Als Neuling hatte ich es geschafft, mir in dem Meister-Team, das souverän erster Bundesliga-Sieger geworden war, einen Platz zu ergattern. Stolz war ich erstmals zwischen den damaligen Stars Schäfer, Sturm, Christian Müller und Thielen aufs Feld marschiert. Nach 6 Minuten wäre ich fast in den Erdboden versunken vor Scham. Ich hatte noch kein einziges Mal den Ball berührt, aber im Kölner Tor hatte es schon zweimal eingeschlagen. 0:2 lag der große Meister 1. FC zurück und das gegen den Abstiegskandidaten Borussia Neunkirchen.
Aber da fiel mir ein: Das war ja vor zwei Jahren bei meinem Einstand in der Südwest-Oberliga für Sportfreunde Saarbrücken ebenso. Da lagen wir bei meinem Einstand in Trier auch nach 6 Minuten 0:2 zurück, und ich hatte noch nicht einmal den Fuß an der Lederkugel. Mit zwei Toren habe ich die Saarländer damals noch zum Sieg geführt.
Zwar gab es in Köln keine Löhr-Treffer zum Einstand. Aber auch das Spiel gegen Neunkirchen wurde noch umgebogen. 4:3 gewann der 1. FC am Ende doch noch.
In diesem Spiel schon wurde mir klar, welchen Wert der damalige Kapitän Hans Schäfer für den 1. FC Köln hatte. Wie er selbst nach dem 0:2 die Ärmel hochkrempelte, marschierte und uns junge Hüpfer da-

durch antrieb. 37 Jahre war er, aber kein bißchen müde. Und von ihm konnte man lernen. Er war ein mit allen Wassern gewaschener Fußballprofi, der es meisterhaft verstand, junge Spieler in Szene zu setzen. Nur rennen mußten sie. Sonst drohte der Kapitän schon mal mit einem Tritt ins verlängerte Rückgrat.

Rauh, aber herzlich ging es unter Hans Schäfer beim 1. FC zu. So erinnere ich mich an meinen ersten Trainingstag. Als ich das Klubheim betrat, stand er auf der Veranda und flachste mich sofort an: »He, du Eitorfer Boor, willste he beim FC e beßche Fußballspelle liere.«

Ich konnte den Flachs vertragen. Schließlich war ich kein Nobody mehr, als ich zum 1. FC kam. Als Torjäger der Oberliga Südwest hatte ich 25 Tore für die Sportfreunde Saarbrücken erzielt, und acht Bundesliga-Vereine hatten mir Angebote gemacht.

Aber der 1. FC reizte mich natürlich am meisten. Er war damals der Super-Klub in Deutschland, und als Eitorfer Junge zog es mich natürlich zurück in die Heimat. In Saarbrücken, wo ich durch einen Zufall zwei Jahre zuvor gelandet war, ließ man mich nur ungern ziehen. Hermann Neuberger, damals Vorsitzender des saarländischen Fußball-Verbandes, hätte mich gern beim 1. FC Saarbrücken gesehen. Er mutmaßte seinerzeit sogar, daß die Kölner mehr als die damals nach Statut erlaubten 10 000 DM Handgeld an mich gezahlt hätten.

In der ersten Zeit beim 1. FC habe ich schon mal gedacht: Ach wärst du doch an der Saar geblieben. Denn es war zunächst nicht leicht, Stammspieler zu werden. Es galt schließlich, einen aus dem Meister-Sturm zu verdrängen. Und der hieß damals: Thielen, Schäfer, Christian Müller, Overath, Hornig.

Nach dem ersten Europacup-Spiel gegen den FC Liverpool (0:0 in Köln) hatte ich dann endgültig meinen Stammplatz bei dem damaligen Trainer Georg Knöpfle, zumal die Klubführung einen Umbruch in der Mannschaft einleitete. Hans Schäfer wurde in seiner letzten Saison von Verletzungen geplagt, und Schützenkönig Christian Müller traf nicht mehr wie gewohnt.

So erlebte ich in meinem ersten Kölner Jahr noch große Fußball-Feste. Da war zunächst die Abwehrschlacht von Liverpool, wo wir dank des damaligen Torwarts Toni Schumacher mit einem 0:0 das dritte Spiel erzwangen. Der Brasilianer Zezé, der zusammen mit mir verpflichtet wurde, machte an der Anfield Road sein bestes Spiel für den 1. FC.

Das Entscheidungsspiel gegen die Engländer in Rotterdam am 24. März 1965, als wir durch ein 2:2 nach Verlängerung per Losentscheid aus dem Europacup ausschieden, gehört natürlich zu den denkwürdigsten meiner 724 Spiele, die ich bis 1978 für den 1. FC bestritt.
Trotz des unglücklichen K.o. im Europacup und der knapp verpaßten Meisterschaft – Zweiter hinter Werder Bremen – konnte ich mit meinem ersten FC-Jahr zufrieden sein.
»Paß auf«, sagte zum Saisonende FC-Boß Franz Kremer zu mir, »ich verkauf jetzt den Christian Müller, aber du mußt Bundesliga-Torjäger werden, sonst reißen die Fans mich in Stücke.«
Eine schwere Bürde wurde mir da auferlegt, aber 1965/66 habe ich immerhin 18 Treffer erzielt. Zur WM nach England 1966 hatte es noch nicht gereicht. Da gab es schließlich einen Uwe Seeler, da waren Sigi Held und Lothar Emmerich durch den Europacup-Sieg von Borussia Dortmund bei Bundestrainer Helmut Schön auf den Positionen Mittelstürmer oder Linksaußen natürlich erste Wahl. 1967/68 schaffte ich es dann, Bundesliga-Bomber Nummer 1 mit 27 Toren zu werden.
Mein erstes Länderspiel machte ich dann am 22. Februar 1967 in Karlsruhe gegen Marokko. Daß ich zum Einsatz kam, verdanke ich Wolfgang Overath, der seit der WM in England einen Stammplatz hatte. Weil er wußte, daß ich der einzige Stürmer auf der Ersatzbank war, ließ er sich 15 Minuten vor Schluß auswechseln. Helmut Schön mußte mich bringen, und ich dankte es ihm beim 5:1 sofort mit einem Tor. Von diesem Tage an hieß der linke Flügel der Nationalelf für 1967 Overath/Löhr.
1968 – wir hatten gerade den DFB-Pokal gewonnen – wurde meine Karriere dann jäh gestoppt. Lungentuberkulose. Am 24. Juni, an meinem Namenstag, mußte ich ins Sanatorium nach Schönberg im Schwarzwald. Die schlimmste Zeit meines Lebens. Furchtbar war vor allem die Ungewißheit, ob ich je wieder Fußball spielen konnte. Nach drei Monaten allerdings war alles wieder o.k. Meine Karriere ging weiter, und ich machte an der Sporthochschule mein Trainer-Diplom. Bei Hennes Weisweiler bestand ich die Prüfung mit der Note »sehr gut«.
Hätten wir ihn, den Fußball-Professor, doch nur als Trainer gehabt. Wir wären sicherlich in den frühen siebziger Jahren mal Deutscher Meister geworden. Doch der Hennes feierte seine Triumphe in Mönchengladbach. Als er 1976 endlich von Barcelona nach Köln kam, war

Hannes Löhr als Torjäger beim Lokalderby gegen Fortuna Köln (oben), als Manager mit Karl-Heinz Thielen (links) und als Trainer mit David Pisanti und Michel van de Korput (r.)

meine Karriere eigentlich schon beendet. Ich war nur noch mal eingesprungen, weil Dieter Müller infolge einer Krankheit ausgefallen war. Das »Einspringen« allerdings dauerte fast drei Jahre. Der Hennes fand immer einen Grund, daß ich weiterspielen sollte. Erst im Januar 1978 – im Meisterjahr – war dann endgültig Schluß. Hennes holte den Japaner Okudera als meinen Nachfolger, und ich wurde sein Assistent. Was hätte mir Besseres passieren können? Bei meinem »Professor« machte ich nun auch die praktische Lehre. Es war eine herrliche Zeit. Weisweiler war ein ähnlicher Typ wie Hans Schäfer. Dickköpfig und stur. Aber auch er konnte mit wenigen Worten junge Leute motivieren. Seine rauhbeinige Art kam bei den jungen Leuten an, zumal sein Sachverstand unbestritten war.

Da aber auch dem Klügsten bekanntlich Fehler unterlaufen, war es meine Aufgabe, ihn davor zu bewahren. So zum Beispiel im Jahre 1967 bei einem Bundesligaspiel in Braunschweig, als ihm fast ein Fehler unterlaufen war, der ihm sehr viel Hohn und Spott eingebracht hätte. Er wollte für Jürgen Glowacz den Dänen Preben Larssen einwechseln. Dies war aber nicht erlaubt, da nur jeweils zwei Ausländer in einem Bundesligaspiel zur gleichen Zeit auf dem Spielfeld sein dürfen. Wir aber hatten zu diesem Zeitpunkt mit dem Jugoslawen Topalovic und dem Belgier van Gool bereits zwei »Gastarbeiter« in der Mannschaft. Das Gelächter über den Weisweiler wäre um so größer gewesen, da ihm zwei Wochen zuvor – ich war damals als »Spion« bei einem anderen Spiel – in Frankfurt der gleiche Fehler unterlaufen war.

Es war manchmal nicht einfach mit ihm, denn was er sich einmal in den Dickschädel gesetzt hatte, führte er auch durch. Dies vor allem, wenn man versuchte, seine Entscheidung zu kritisieren. Am geschicktesten war es, bei Meinungsverschiedenheiten am Ende nachzugeben, dann hat er seine Entscheidung meistens selbst noch mal überdacht und polterte dann am nächsten Morgen: »Do hätt's mich och de Dreß mache losse. Woröm han ich dich eijentlich? Do häs jo üvverhaup kein Ahnung.« Anschließend haben wir dann beide herzhaft gelacht. Denn insgesamt lagen wir bei der Beurteilung von Spielern ebenso wie in taktischen Dingen auf der gleichen Welle. So hat er mich ja auch schon als seinen Nachfolger vorgeschlagen, als er im März 1980 Köln wieder, diesmal in Richtung New York, verließ. Aber der Klub holte Karl-Heinz Heddergott und machte mich im Sommer zum Manager.

Damit begann meine schlimmste Zeit beim 1. FC. Da hatte ich einen Trainer, der praxisfremd und blauäugig in jedes Fettnäpfchen trat. Die Spieler lachten über ihn, die Presse verspottete ihn. Doch der gute Heddi redete weiter davon, »daß er die ganze Welt als Trainer schon befruchtet habe«. Und das schlimmste: Er vergraulte mir den Spieler, den ich entdeckt hatte und um den der neue FC aufgebaut werden sollte: Bernd Schuster.
Im Oktober war dann das Kapitel Heddergott erledigt. Aber leider auch das Thema Schuster. Die Sache hatte sich so zugespitzt, daß wir ihn für 3,8 Millionen nach Barcelona verkaufen mußten. Hätte ich ihn heute noch in der Mannschaft, wir wären europäische Spitzenklasse.
Mit Rinus Michels kehrte zeitweise Ruhe ein. Doch der kam dann mit Klaus Allofs nicht klar, den ich für 2 Millionen schließlich aus Düsseldorf geholt hatte. »Wer den Allofs geholt hat, der hat entweder keine Ahnung vom Fußball oder hat sich selbst etwas von der Transfersumme in die Tasche gesteckt«, schrieb damals etwas voreilig der Berufsnörgler Willi Schulz in der Welt am Sonntag.
Es war schon schlimm, mit welchen Parasiten ich mich da rumschlagen mußte. Der schlitzohrige Spielervermittler Holger Klemme behauptete in einem Interview, ich hätte dem 1. FC einen Millionen-Werbevertrag verbeutelt, nur weil ihm eine Provision, auf die er spekuliert hatte, durch die Lappen ging. Die dubiosen Spielervermittler hätte ich am liebsten zum Teufel gejagt. Doch durch die Mißgunst der Klubs untereinander, wo keiner dem anderen traute, entstand für diese Typen eine Marktlücke. Sie kamen in einer Zeit hoch, als in den Vereinen die Spieler-Einkäufe noch von ehrenamtlichen Leuten betrieben wurden. Ich bin überzeugt, in dieser Zeit hat so mancher Funktionär gemeinsam mit dem Spielervermittler kassiert.
Je offener die Vereinsmanager heute miteinander verkehren, um so bedeutungsloser werden die Spielervermittler. Eine ideale Lösung wäre die Spielerbörse, wo sich die 38 Vereinsvertreter einmal im Jahr für eine Woche treffen. Hier könnten dann sämtliche Transfergeschäfte abgewickelt werden, ähnlich wie es in Italien heute schon gehandhabt wird.
Aber das wird in Deutschland wohl Utopie bleiben. Da wird wohl weiter hinter den Kulissen gewerkelt, und die Spielervermittler mauscheln und kassieren weiter mit, zumal die Klubs ungern selbst den

Spieler ansprechen. Dabei möchte ich allerdings betonen, daß es in dieser Branche auch einige seriöse Leute mit Fachkenntnis gibt. Aber die sind in der Minderzahl.

Die undankbarste Aufgabe für mich als Manager bestand darin, neue Spieler zu suchen. Denn: Trainer Michels wollte nur Top-Leute, der Vorstand aber keine Millionen lockermachen. So kam ich mir vor wie einer, den man losschickt, für 10000 Mark einen Mercedes zu kaufen. Da dachte ich sogar zum Schluß, dann kaufst du eben ein älteres Modell, das früher mal eine Staatskarosse war. Bei der WM 1982 habe ich in Gijon Franz Beckenbauer weichgekloppt, noch mal ein Jahr beim 1. FC Köln zu spielen. Aber Rinus Michels stoppte das Vorhaben, weil er zu viele Probleme befürchtete. Er träumte immer von einem Johan Cruyff, nur 10 Jahre jünger. Den aber gab es leider nicht.

Ein Jahr später, wieder in Gijon, kam die Trennung von Rinus Michels. Der Bruch zwischen ihm und der Mannschaft war nicht mehr zu kitten. Ich hatte in den letzten Wochen seiner Amtszeit immer versucht zu vermitteln, aber am Ende stand ich selbst in der Schußlinie.

Da habe ich dem Vorstand gesagt: »So jetzt ist Schluß. Ich stelle mich selbst der Verantwortung. Ich übernehme das Training.« Natürlich war meine Bedingung, daß ich freie Hand hatte, mir keiner reinreden durfte. Der Vorstand akzeptierte das, und ich konnte meine Pläne verwirklichen. Während Michels an den Alten festhielt, »weil die Jungen nicht besser sind«, ist meine Maxime: Wenn zwei gleich stark sind, spielt der Jüngere. Rinus Michels, mit dem ich mich persönlich hervorragend verstand und der meiner Meinung nach ein sehr guter Trainer ist, sagte bei seinem Abschied: »Köln ist ein Dschungel.« Ja, vielleicht ist es für einen Fremden schwer, sich da zurechtzufinden.

Aber wenn man über 20 Jahre in dieser Stadt und in diesem Klub lebt, dann klingelt es schon, wenn ein Klüngel gerade anfängt.

So erkannte ich auch in den Februar-Tagen 1986, daß sich hinter meinem Rücken etwas zusammenbraute. Infolge langwieriger Verletzungen einiger Leistungsträger war ich mit der Mannschaft, mit der ich zwei Jahre lang den UEFA-Cup erreicht hatte, ins Mittelfeld abgerutscht. Nach der 2:3-Niederlage gegen Bayer Leverkusen am 30. Januar war es praktisch nicht mehr möglich, einen Platz unter den ersten Fünf zu erreichen.

Während das Verhältnis zur Mannschaft trotz der Mißerfolge nicht gelitten hatte, fühlte ich, daß ich nicht mehr das Vertrauen des gesamten Vorstandes hatte.
Im Umfeld wurden neue Trainer ins Gespräch gebracht, Vertragsverhandlungen mit Spielern brachten Unruhe in die Truppe. Deshalb habe ich am 3. Februar dem Vorstand ein Konzept vorgelegt, wie ich mir die weitere Arbeit bei dem Klub vorstelle, damit wieder Ruhe einkehren sollte.
Ein Punkt war natürlich für mich, ein neuer Vertrag für die nächste Saison. Ihn wollte ich zu diesem Zeitpunkt, als Vertrauensbeweis des Vorstandes und um eine Einheit nach außen zu dokumentieren.
Weiterhin habe ich ihm zwei Wege für die Zukunft des 1. FC Köln vorgeschlagen. Der erste: Wir bauen nach dem Modell Mönchengladbach eine junge Mannschaft auf, und gehen dabei die Gefahr ein, daß man ein, zwei Jahre nicht in einem internationalen Wettbewerb vertreten ist. Der zweite: Wir investieren soviel Geld in neue Spieler, daß wir tatsächlich so stark sind, um ganz oben mitzuspielen.
Einen Tag später hat der Vorstand dann bereits den neuen Trainer Georg Keßler verpflichtet und mir dann am 6. Februar, an Weiberfastnacht, mitgeteilt, daß mein Vertrag nicht verlängert würde. Damit war für mich das Kapitel 1. FC Köln sofort beendet. Für mich gab es nur eine Konsequenz, meinen Platz zu räumen.
Sicherlich ist mir der Abschied nach 22 Jahren 1. FC Köln schwergefallen, zumal ich relativ gut mit der Mannschaft gearbeitet hatte. Platz 5 und Platz 3 waren in den beiden letzten Jahren immerhin erreicht worden.
Placierungen, die ich als Erfolge werte, weil die Spieler-Decke trotz der drei Nationalspieler Schumacher, Allofs und Littbarski nicht ausreichend war um konstant Spitzenleistungen zu bringen. Wir waren bei auftretenden Verletzungen der Leistungsträger sofort entscheidend geschwächt.
Sicherlich hatte ich meine jungen Leute in der Hinterhand, doch sie waren noch nicht gleichstark. Olaf Janßen, Thomas Häßler, Peter Lehnhoff und Ralf Geilenkirchen sind große Talente. Sie werden den Durchbruch schaffen, aber man muß sie vorsichtig aufbauen und langsam in die Mannschaft einbauen.
Wenn man 22 Jahre in einem Klub ist, dann versteht man die Trainer-

Aufgabe nicht einfach als Job. Man kann einfach nicht so egoistisch denken und fordern, wie ein Trainer, der mal hier mal dort arbeitet. So habe ich bei Gesprächen um die Verpflichtung neuer Spieler stets auf die wirtschaftlichen Probleme des Klubs Rücksicht genommen. Vielleicht hätte ich egoistischer sein sollen. Vielleicht war das mein Fehler...

Die Diva

Daß die kölsche Mentalität ein Grund für die Launen und Kapriolen des 1. FC Köln waren und sind, zeigt Hans Reski an x Beispielen auf.

»Kölns Prominenz ist sich einig: Der 1. FC wird wieder Meister.« Unter dieser Schlagzeile hatte am 29. Juni 1963 die damals noch in Köln erscheinende Neue Rhein-Zeitung die berühmtesten Bürger der Domstadt befragt. Thema: Das bevorstehende letzte Endspiel um die Deutsche Meisterschaft in Stuttgart gegen Borussia Dortmund. Alle, vom damaligen Oberbürgermeister Theo Burauen bis hin zum Volksmimen Willy Millowitsch, waren sich sicher: Den Titel kann nur der 1. FC holen. Schließlich hatte man eine Woche vorher gegen den 1. FC Nürnberg mit 6:2 eine berauschende Generalprobe hingelegt. Deutscher Meister wurde schließlich Borussia Dortmund durch einen 3:1-Sieg.
»Arrivederci Inter!« Mit dieser Schlagzeile erschien die 1964 gegründete Boulevard-Zeitung »EXPRESS« am 6. März 1985. In Köln war man sich wieder einig, daß der Gegner mit einer Niederlage heimgeschickt würde. Was juckte es die Kölner Stimmungsmenschen, daß dieser Inter Mailand hieß – eine Weltklasse-Truppe aus Defensivkünstlern, die auf fremden Plätzen gefährlicher als im heimischen San Siro-Stadion auftrumpfen konnte. Der Grund für den rheinischen Optimismus: Man hatte dort schließlich 14 Tage zuvor nur 0:1 verloren. Aber die Italiener gewannen auch in Köln das UEFA-Cup-Spiel mit 3:1.
Nahezu zwölf Jahre liegen zwischen den beiden Ereignissen. Aber die beiden Beispiele zeigen: In Köln hält man heute genau wie Anno dazumal wenig von der fränkischen Weisheit: »Die Nürnberger hängen keinen, denn sie hätten ihn.« »Ja, wir kriegen immer einen auf den Deckel, wenn keiner daran denkt«, gestand der urkölsche Trainer Johannes Löhr, »das war schon immer so.«
Schon 1950, als Hannes Löhr in Eitorf noch gegen Konservendosen trat, schrieb Willi Busse im Kölner Stadt-Anzeiger nach einer sensationellen 2:3-Schlappe gegen den Duisburger SV: »Schuld an der Niederlage ist der überzüchtete Optimismus nach drei Siegen in Folge.«

Sicherlich hatte der Kritiker vorher zu der prallen Zuversicht beigetragen. Denn nicht nur die Spieler und die Trainer, sondern das gesamte Umfeld einschließlich der Presse verbreiten diesen Optimismus, der dann bei einem Tiefschlag sofort in tiefe Trauer umschlägt.
»Nirgendwo wird so schön gefeiert, aber auch getrauert wie bei uns«, stellte Wolfgang Weber fest, der in fünfzehn Jahren alle Höhen und Tiefen erlebt hat. ›Die Luft in Köln‹, so schrieb mal ›Die Welt‹, »quirlt zwischen himmelhoch jauchzend und zu Tode betrübt. Da einen Fixpunkt zu finden, ist fast die Quadratur des Kreises.«
Die rheinischen Stimmungsmenschen lieben das. »Der Kölner braucht das Pathos«, erkannte Prälat Josef Steinberg in seinem Büchlein »Heitere Christen am Rhein«.
Es wäre ganz unkölsch, nach großen Niederlagen zu sagen: Schwamm drüber, vergessen. Dazu Heinrich Lützeler, der sich in »Fröhliche Wissenschaften« mit dem Kölner befaßt: »Der Kölner hat das Talent, auch diese Dinge farbig zu machen. Er hält es ohne Farbigkeit nicht aus.«
Da wird dann an der Theke des »Geißbockheims« palavert. In allen Farben wird die Niederlage geschildert. Zum Schluß, nach etlichen Kölsch, ist sie dadurch zu erklären, daß sich eigentlich alles, sogar »d'r leeve Gott«, gegen sie verschworen hatte.
1963 verlor man gegen Dortmund, weil Mittelstürmer Christian Müller verletzt ausgefallen war, weil Karl-Heinz Schnellinger mit den Gedanken angeblich schon in Italien war. Und, so hörte man lautstark aus der Kabine: »Wir hatten einen Scheiß-Torwart.« Gemeint war Fritz Ewert, zu dieser Zeit National-Torhüter.
1985 waren die Gründe noch wesentlich origineller geworden. Da war man sich nach Mitternacht einig: »Wir haben verloren, weil die Italiener ab der 10. Minute nur mit zehn Mann gespielt haben.« (Inter verlor Ricardo Ferri durch Platzverweis.) »Da rannten alle nach vorn, da war die Ordnung weg«, sagte Trainer Löhr hinterher schicksalergeben.
Was soll man machen, wenn das Leben manchmal so narrisch ist? So wie auch am 19. Juni 1971, als das Pokal-Finale gegen Bayern München nach dramatischen 120 Minuten mit 1:2 verlorenging und Kapitän Wolfgang Overath hinterher klagte: »Unsere rheinische Mentalität hat wieder mal mitgespielt. Für uns war das Finale offenbar entschieden,

als Koppenhöfer vom Platz mußte. Jetzt fühlten wir uns mit elf gegen zehn überlegen und merkten nicht, daß unser Akku leerer war als der des FC Bayern.«
Die launische Geißbock-Elf hatte mal wieder verloren, weil der Gegner einen Mann weniger hatte. Der Bayern-Verteidiger war in der 70. Minute des Feldes verwiesen worden. Den entscheidenden Treffer hatte ein Nobody geschossen: Edgar Schneider in der 116. Minute gegen Torwart Milutan Soskic, der nach fast zweijähriger Pause noch mal ein Superspiel machte und weinend die Arena verließ.
Der inzwischen 33jährige Jugoslawe, der in Köln viele Sympathien genoß, war noch einmal reaktiviert worden, weil es zuvor in der Meisterschaft ganz verrückte Niederlagen der Geißbockelf gegeben hatte. Die verglich Präsident Oskar Maaß in Weinlaune mal mit einer ebenso berühmten wie launischen Opernsängerin und taufte sie in »Callas Colonia« um.
Am 17. Mai hatte sich der 1. FC in München von den Bayern gleich sieben Eier ins Netz legen lassen. Nach der Pleite wurde gemunkelt, daß man mit diesem blamablen, unverständlichen 0:7 der Beckenbauer-Elf gegenüber Mönchengladbach den Weg zur Meisterschaft ebnen wollte. Die Kölner hatten in diesem Fall dann die Teilnahme am Europacup sicher, auch wenn sie das Pokalfinale gegen Bayern verlieren würden. Gladbachs Kapitän Günter Netzer sprach zwar nicht offen von Schiebung, aber er sagte: »Man kann auf peinliche Gedanken kommen.« Tatsache ist: Präsident Maaß hatte seine Mannschaft vor dem Spiel schon über den Vorteil einer Niederlage aufgeklärt. Und wenn jemand den rheinischen Frohnaturen – frei nach den Bläck Fööss: »Mach ens blau, et koss doch net de Welt« – eine solche Chance eröffnet, dann legen sie schnell den Löffel zur Seite.
Eine Woche später, am 24. Mai, brodelte die Gerüchteküche erneut. Der 1. FC Köln hatte 2:4 gegen den Abstiegskandidaten RW Oberhausen auf eigenem Platz verloren. Erich Ribbeck, damals Trainer der ebenfalls abstiegsgefährdeten Frankfurter Eintracht, ließ schon durchblicken, daß da Manipulation im Spiel sei. Der Kölner Stadt-Anzeiger dagegen schrieb am nächsten Tag: »Leider gibt der 1. FC solchen Verdächtigungen immer wieder neue Nahrung. Wir aber glauben den Geißbock-Klub so gut zu kennen, um solche Gerüchte ins Reich der Fabel verweisen zu können.«

Ein fataler Irrtum. Am 6. Juni kam die Wahrheit ans Licht, als Horst-Gregor Canellas, Vorsitzender des Absteigers Kickers Offenbach, mit Tonbandaufnahmen den Bundesligaskandal aufdeckte. Kölns Torwart Manfred Manglitz war beim 2:4 gegen Oberhausen mit 100 000 DM bestochen worden.

Und deswegen mußte im Pokalfinale Soskic noch mal ran. Manfred Manglitz war in der Saison 1969/70 verpflichtet worden. Aus der Not, weil im Jahr zuvor (Soskic hatte sich das Bein gebrochen) der 1. FC nicht zuletzt wegen seiner Torwart-Probleme fast abgestiegen wäre. Der urkölsche Keeper, der jahrelang im Tor des MSV Duisburg große Leistungen gezeigt hatte, war endlich am Ziel seiner Wünsche, das Tor in seiner Heimatstadt zu hüten. Zuvor war der Transfer nach Köln stets am Veto von Franz Kremer (»Dat es ene Räuber«) gescheitert.

Mit dem »Räuber« schien Kremers Nachfolger Maaß zunächst einen Glückskauf gemacht zu haben. Am 10. November 1969, dem Vorabend des 11. im 11., war der 1. FC erstmals seit fünf Jahren (19. 12. 64) wieder Bundesliga-Spitzenreiter. 8:0 wurde Schalke 04 vom Platz gefegt. Der damalige Bundeskanzler Willy Brandt war dabei und so begeistert, daß er ein FC-Fan wurde. Wolfgang Overath aber, der Kapitän, warnte schon – sich und seine Pappenheimer kennend: »Wir dürfen jetzt nicht jeck werden.«

Die Warnung schien zu fruchten. In der Rückrunde überstand die »kölsche Diva« selbst den Karneval ohne Blessuren. Im Gegenteil: Nach einem kurzen Rückschlag war nach einer 18:0-Serie die Meisterschaft zum Greifen nahe. Da gab es am 21. März 1970 sensationell eine 0:1-Heimniederlage – gegen RW Oberhausen (!). Zufall – denn sicherlich war da keine Manipulation im Spiel. Die Oberhausener standen auf einem gesicherten Mittelfeldplatz.

Doch nach der Partie kam es zu einem anderen Skandal. Tausende Fans waren so enttäuscht über ihren FC, daß es zu den wohl größten Krawallen rund ums Kölner Stadion kam. Nach diesem Skandalspiel legte der 1. FC eine Niederlagen-Serie hin. Wolfgang Overath mußte nach fünf in Folge verlorenen Spielen eingestehen: »Der Spruch von der rheinischen Primadonna hat wohl doch seine Berechtigung.«

Manglitz war seinerzeit allerdings am wenigsten an dem Abfall schuld. Im Gegenteil. Er war so stark, daß ihn sein Kontrahent im National-Tor, Sepp Maier, lobte: »Ich halte ihn für einen der besten Torsteher auf dem Kontinent. Ohne ihn stünde der 1. FC garantiert nicht auf Platz zwei.« Und selbst Bundestrainer Helmut Schön, der wie Franz Kremer, »den Langen« nicht sonderlich mochte, nahm ihn mit zur Weltmeisterschaft nach Mexiko. Overath, Löhr und Weber komplettierten 1970 das Kölner WM-Quartett.

Wegen des WM-Turniers fand das Pokalfinale erst zu Beginn der neuen Saison statt. Wieder mal war ganz Köln von einem Sieg überzeugt: Der FC holt den Pott. Die Triumphfahrt durch Köln war schon vorher festgelegt. Doch es wurde eine »Geisterfahrt« (Overath), kaum jemand stand an der Straße. Statt Beifall gab es Hohn und Spott. Denn 1:2 hatte der hohe Favorit vor 50000 Zuschauern in Hannover gegen den Zweitligisten Kickers Offenbach verloren.

Ein Elfmeter hätte das Blatt noch wenden können, doch als der Düsseldorfer Werner Biskup mit dem Strafstoß an Offenbachs Torwart Volz scheiterte, war die Kölner Blamage perfekt.

Auf der Tribüne saß bei diesem Spiel Frans de Munck, Trainer des FC Brügge – der Europacup-Gegner des Siegers. »Überhebliches Starverhalten. Köln hat den Gegner unterschätzt«, kritisierte der einstige Kölner Torwart-Held.

Der großgewachsene, gutaussehende Holländer war in den frühen 50er Jahren die Attraktion im Kölner Stadion. Der schöne Frans wurde wegen seiner enormen Sprungkraft der »Schwarze Panther« genannt. Doch schon er erlebte 1954 – im Jahr des größten WM-Triumphes – eine Pokal-Pleite für den FC, bei der ein verschossener Elfmeter entscheidend war. Es war zu jener Zeit, im Frühjahr 1954, als die Kölner Presse schwelgte: »Die Fußball-Bäume von Sülz-Klettenberg prangen in voller Blüte.« Am 11. April war erstmals die Westdeutsche Meisterschaft gewonnen worden. Die Endrunde um den Titel wie auch das Pokalfinale waren erreicht. Der 1. FC hatte seinerzeit eine so starke Elf, daß sogar das Double möglich war.

»Im Pokal-Endspiel waren wir so schlecht wie seit Monaten nicht mehr«, erinnert sich Hans Schäfer. Dennoch war ein Sieg der Rheinländer über die biederen Schwaben des VfB Stuttgart möglich. Herbert Dörner hatte ihn auf dem Fuß, doch er verschoß in der regulären Spielzeit einen Elfmeter. In der Verlängerung dann verpaßte Waldner dem 1. FC den K.o. Hohn und Spott erntete der Favorit in der Heimat, der Vergleich mit der »Diva« geisterte erstmals durch den Blätterwald.

Ganz anders urteilte die Presse, als der 1. FC dann im Stuttgarter Nekkar-Stadion beim 3:4 gegen die mit fünf WM-Spielern gespickte Elf des 1. FC Kaiserslautern auch noch die Meisterschafts-Träume begraben mußte. »Unglückliche Kölner. Ein umstrittener Handelfmeter brachte Kaiserslautern den Sieg« (Sport Magazin). »Wenn man nach Chancen und Überlegenheit wertet, hätte Köln gewonnen« (Kicker) und dann die »Sportwelt«: »In dem Drama spielte Köln die Rolle des glücklosen Helden, gegen den sich alles verschworen hatte.«

In dieser Rolle mag der Kölner sich weiden, weil er ja die Weisheit hat »dat ein Unjlöck selten allein kommt«. Im Unglück, da kann der Kölner seinen Humor so richtig ausleben. Heinrich Lützeler: »Er hat einen metaphysischen Hintergrund, eine letzte, über den Menschen hinauswachsende Überzeugung, vom relativen Wert aller Dinge und von der relativen Bedeutung allen Ungemachs.« Wie könnte besser die kölsche Mentalität beschrieben werden, als in folgender Geschichte:

> Ein Kölner sitzt mit seinen vier Sprößlingen in einem Nichtraucherabteil und qualmt mächtig aus seiner Pfeife. Eine mitfahrende Dame sagt höflich: »Hier ist aber Nichtraucher.« Der Kölner sagt nichts und pafft weiter. Die Dame gibt dem Aufsichtsbeamten ein Zeichen, und der sagt energisch: »Haben Sie nicht gehört: hier ist Nichtraucher.« Der Kölner sagt nichts und pafft weiter. Da kommt der Zugführer und fährt ihn an: »Zum Donnerwetter, jetzt sagen wir es Ihnen zum dritten Male: hier ist Nichtraucher! Wenn Sie nicht augenblicklich das Rauchen einstellen, passiert Ihnen etwas.« Dieser letzte Satz öffnet dem Schweigsamen den Mund, und er antwortet: »Wat soll mir schon passeere? Ming Frau wor am Kölner Hauptbahnhoff op dem Höffje un es zo spät jekumme, un do es der Zoch einfach abjefahre. Der Köbes hät am Finster erusjelot, un do es im de Mötz fottjefloge. Et Trina hät et Himbeerwasser üvver et wieße Kleidche jeschött. Dat Pitterche hät jet en de Botz jemaat. Et Rosa hät sämtliche Billjete verlore. Mer sitze all em falsche Zoch. Un ich han keine Penning Jeld en der Täsch. Wat soll mir schon passeere?«*

* Heinrich Lützelers fröhliche Wissenschaft, Herderbücherei.

Links: Herbert Dörner nach seinem verschossenen Elfmeter 1954 im Pokalfinale gegen den VFB Stuttgart, der dann nach Verlängerung 1:0 gewann.

Rechts: Das Drama von Dundee (1:8): Fritz Ewert mußte mit einer Gehirnerschütterung vom Platz (oben) und mußte von Verteidiger Regh im Tor vertreten werden (unten).

Oben: Gerettet. Rühl schießt im Abstiegsduell 1969 gegen Nürnberg das 2:0.

Mitte: Kassiert. Torwart Manglitz im Skandalspiel 1970 gegen RW Oberhausen (2:4), in dem die Niederlage dem Torwart gut bezahlt wurde.

Unten: Aus. Rumenigge versetzt mit seinen beiden Toren für Inter Mailand 1985 dem 1. FC Köln den UEFA-Cup-K.o.

Niederlagen können bei dem Kölner einen gewissen Fatalismus erzeugen. Wie in den folgenden zwei Jahren. Der Geißbock-Klub versank in der Mittelmäßigkeit, geriet zeitweise sogar in Abstiegsgefahr.
Doch aus der Gabe, über seine Unzulänglichkeiten zu lachen, gewinnt der Rheinländer manchmal sogar die Kraft, Verhängnisse besser als andere zu überstehen. Denn sie glauben letztendlich an ihre Lebensphilosophie: »Et hät noch immer jot jejange«, unter der am 18. März 1985 der »Spiegel« ein Porträt der rheinischen Stimmungs-Fußballer zeichnete.
»Jot jejange« hat es auch am 7. Juni 1969. Im Müngersdorfer Stadion standen sich der 1. FC Köln und der 1. FC Nürnberg gegenüber, jene Traditionsklubs, die 1962 das Finale um die Deutsche Meisterschaft bestritten hatten. Diesmal ging es aber nicht um den Titel. Es ging ums nackte Überleben. Für den Verlierer gab es keine Rettung mehr. Er mußte absteigen. Wie neun Jahre zuvor siegte der Geißbock-Club. Der große »Club« mußte den bitteren Gang in die Regionalliga antreten.
Max Morlock, Weltmeister 1954 und Spielführer beim 0:4 im Berliner Endspiel, standen die Tränen in den Augen. Er war wie sein WM-Freund von '54 und sein Kontrahent als Kölner Kapitän 1962 noch mal als Betreuer reaktiviert worden. Hans Schäfer dagegen wurde als Retter gefeiert. Er hatte anstelle des abgehalfterten Trainers Hans Merkle das Kommando am Geißbockheim noch mal übernommen. Nach dem 3:0-Erfolg, bei dem das klare Resultat nichts über die Dramatik und die Ängste aussagt, gestand Schäfer: »Es waren die schlimmsten 90 Minuten meines Lebens.« Overath hatte erst in der 51. Minute das 1:0 geschossen. Die beiden das Spiel endgültig entscheidenden Tore fielen durch Rühl (78. Minute) und Hornig (84.) erst in der Schlußphase dieses Abstiegskrimis.
Die gleich mit neun der labilen Stimmungsmenschen vom Rhein – Thielen, Hemmersbach, Weber, Rühl, Löhr, Overath, Jendrossek, dem Düsseldorfer Biskup und dem jungen Torwart Birkhölzer – besetzte Mannschaft war die Paradeelf rheinischer Kapriolen. Diese Truppe hatte schließlich ein Jahr zuvor in Ludwigshafen noch den DFB-Pokal gewonnen.
Es waren fast alles intelligente Leute – ein großer Teil arbeitete später erfolgreich als Trainer –, die sich Gedanken machten, aber es fehlte auf

dem Platz ein Typ wie Hans Schäfer oder auf der Bank einer wie Hennes Weisweiler. Die damaligen Trainer Multhaup und Merkle wurden eigentlich mehr veräppelt denn anerkannt.
Schäfer, der als Assistenztrainer beide in der entscheidenden Phase am Regiepult abgelöst hatte, erlebte allerdings selbst als Kapitän das größte Volksstück rheinischen Übermuts. Trainer war damals Tschik Cajkovski, der Jugoslawe, der allen kölschen Optimismus in seinem ulkigen Deutsch noch übertönte. »Pitschimaschti, was ist Schotten? Fußball-Dummköpfe, können nur geradeauslaufen«, sagte er vor dem 5. September 1962, als der Super-FC (man nannte ihn damals Real Madrid vom Rhein) in den Europacup startete. Dundee wurde zum Waterloo. 1:8 verloren die Kölner, die zwar Schnellinger ersetzen mußten, aber mit Ewert, Regh, Sturm, Hemmersbach, Wilden, Benthaus, Thielen, Schäfer, C. Müller, Habig und Hornig immer noch ein Star-Ensemble zur Verfügung hatten. Für die auf stolzen Rossen sitzenden Kölner war es vor der Reise »ans Ende der Welt« eigentlich nur wichtig gewesen, nicht zu hoch zu gewinnen. Man wollte die Spannung fürs Rückspiel erhalten. Und dann wurden sie in die Brust geschossen. Aber wie.
0:5 stand es schon vor der Pause gegen die wild losstürmenden Schotten, die nicht mit Toren geizten. Zu allem Unglück hatte sich beim 0:2 Torwart Ewert noch eine schwere Gehirnerschütterung zugezogen. Ernst-Günter Habig erinnert sich: »Wir wunderten uns, daß er immer nach rechts griff, wenn links die Bälle einschlugen.« Zur Pause mußte dann Verteidiger Regh ins Tor. Auswechseln war damals noch nicht erlaubt. Er hielt sich wacker zwischen den Pfosten, aber noch dreimal schlug es im FC-Tor ein und auch der Ehrentreffer von Benthaus war kein Trost mehr für Tschik, der auf dem Rückflug in nur einem Satz die Stimmung an Bord charakterisierte: »Hoffentlich Flugzeug stürzen ab . . .«
Der Spruch des lebenslustigen Tschik, der noch viele Fußballfeste feiern wollte, ist vergleichbar mit jenem Witz, in dem ein Kölner am Grab seiner verstorbenen Frau »op Melote« jammert:

»Ach nä Stina, dat do mir ärmem Deuvel dat anjedon häs, mich esu janz allein zu loße – wenn ich dich doch ens widder han künnt!« Und wie er so schön am Kühme wor, süht hä, wie sich op dem Jrab unger de Kränz jet bewäch; ov et en Muus oder ne Maulwurf wor,

*ich weiß et nit. Doch krät der Schäl ne Schrecke un ref janz laut: »Ävver Stina, do wees doch wohl noch Spaß verdrage künne.«**

Mit seinem Humor, seiner Fähigkeit, sich selbst auf die Schippe zu nehmen, übersteht der Kölner auch die bissigsten Kritiken besser als manch anderer im Lande. Heute noch wird in Kölner Kneipen stundenlang die Frage diskutiert: Hätte das 1:8 zwei Wochen später wettgemacht werden können, wenn Habigs Elfmeter kurz nach der Pause eingeschlagen hätte? Zum Schluß sind dann meistens alle einer Meinung – wie auch Hans Schäfer: »Ja, wir hätten es gepackt. Aber dadurch riß der Faden.« 4:0 lag der 1. FC schon zur Halbzeit vorn. Dabei blieb es dann allerdings auch.

Ein weiteres 4:0 im Europacup, eines aus der jüngeren Vergangenheit und eins mit positivem Abschluß, soll den Kreis der Beispiele von der launischen Diva schließen, die immer dann verlor, wenn Optimismus den Blick für die Realität verschleierte, oder dann gewann, wenn Pessimismus und Fatalismus ungeahnte Kräfte freimachten. Paul Breitner sagte mal: »Die Kölner werden nicht Meister, weil sie nie wissen, wie stark oder wie schwach sie gerade sind.« Am 5. November 1980 in Barcelona siegte ein 1. FC souverän, der nach einem 0:1 in Köln ohne jede Illusion nach Spanien gereist war. Strack, Engels, Littbarski und Dieter Müller schossen die Tore bei der Sensation.

In Köln wurde davon gesprochen, daß der neu verpflichtete »General« Rinus Michels endlich den rheinischen Lebenskünstlern die Flausen ausgetrieben hätte. Aber wie schrieb schon Prälat Josef Steinberg? »Die Kölner sind Ur-Demokraten. Sie haben eine Abneigung gegen preußischen Drill und den Hochmut Vorgesetzter.«

So ging alles weiter seinen kölschen Gang. Daran konnte auch die »Bulldogge«, wie die Holländer den »harten Hund« aus dem Tulpenland getauft hatten, nichts ändern. Auch in seiner Zeit gab es Wechselbäder zwischen rauschenden Festen (4:0 gegen Bayern München oder ein 5:0 im UEFA-Cup gegen Glasgow Rangers) und schlimmen Trauerspielen (1:2 gegen Zweitligist Freiburg und Absteiger MSV Duisburg im DFB-Pokal).

Max Merkel, der Spötter der Nation, glaubte mal den Grund für die Kapriolen der »Geißböcke« entdeckt zu haben. »Im Karneval ver-

* Heinrich Lützeler, Josef Steinberg, Heitere Christen am Rhein, Herder.

spielt der 1. FC Köln immer die Meisterschaft.« Dem widerspricht der »Karnevalsjeck Nummer 1«, Toni Schumacher, energisch. Und auch die Statistik gibt Merkel nur bedingt recht.
Aber da der Kölner, in Abwandlung des Berliner Spruchs »Man soll die Feste feiern, wie sie fallen«, die Feste auch feiert, wenn sie nicht fallen, kann die närrische Zeit des 1. FC an jedem x-beliebigen Tag im Jahr beginnen.

Meinungen

Prominente äußern sich zum 1. FC

Wer den Kölnern je mangelnde Beweglichkeit vorwerfen wollte, der hätte im 1. FC Köln sicher kein gutes Beispiel. Nicht nur auf dem Spielfeld, auch in der Tabelle haben die Kölner viel Mobilität gezeigt. Dabei haben sie – glücklicherweise – nicht nur immer die Kurve gekriegt, wenn es in den Keller ging. Sie haben in den letzten Jahren gelegentlich auch Leistungsgipfel erreicht. Leider gab der 1. FC dort, auf dem Gipfel, eher Gastspiele. Aber ich weiß mich mit der Südkurve und allen anderen Fußballkennern einig: Im Grunde hat die Mannschaft schon lange die Substanz für Führungsaufgaben. Nun muß sie sich nur noch selber davon überzeugen.

Johannes Rau,
Ministerpräsident des
Landes Nordrhein-Westfalen

Der 1. FC Köln, die »Fußball-Diva vom Rhein«, ist launisch. Das wissen wir Kölner Fußballfans seit langem.
Oft verwöhnt sie uns: Deutsche Meisterschaften, Pokalsiege, internationale Erfolge, hervorragender Fußball – alles was das Herz begehrt.
Manchmal enttäuscht sie aber auch ihre Verehrer: unschöne Querelen im Umfeld des Clubs, unverständliche Niederlagen, schlechte sportliche Leistungen.
Woran liegt das bloß?
Ich kann die Antwort nicht geben. Was ich aber sicher weiß, ist: wir Kölner Fußballfans hängen am 1. FC. Und das mit Recht.
Wenn Köln heute eine der großen Fußballhochburgen in Deutschland ist, dann haben wir das vor allem diesem Club zu verdanken.
Also, lassen wir der Diva ihre Launen. So sind Stars nun einmal. Denn

sie bringen ja auch Spitzenleistungen. Und darauf freuen wir Kölner uns.

Norbert Burger,
Oberbürgermeister von Köln

Dank der Weitsicht von Franz Kremer war der 1. FC Köln der erste richtige deutsche Profi-Klub, von dem alle anderen Vereine eine Menge lernen konnten. Für uns Bayern war es immer etwas Besonderes, gegen die Kölner zu spielen und ihnen ein Bein zu stellen. Seit der Gründung der Bundesliga war der FC dank seiner Stars wie Schäfer, Overath und Flohe immer ein Zuschauermagnet. Ich kann mich nicht erinnern, daß es jemals ein Länderspiel gab, bei dem kein Spieler aus Köln dabei war. Als DFB-Teamchef hatte ich bisher keine Probleme mit dem Geißbock-Klub. Das lag sicher auch an meinem Freund Hannes Löhr.

Franz Beckenbauer,
DFB-Teamchef

Der 1. FC Köln – was ist das? Der Club könnte sich auch REAL KÖLN nennen, denn es gibt eine Vielzahl von Übereinstimmungen mit dem oftmaligen spanischen Meister.
Der 1. FC kann, wenn seine Spieler guter Laune sind, zaubern wie die Mannen von der Iberischen Halbinsel, trickreich, einfallsbegabt, heißblütig, mit Zügen, die den Gegner verwirren, ihn tumb und unbeweglich erscheinen lassen. Der Club hat aber auch andere Tage, an denen Arroganz und Überheblichkeit seine einzigen Charaktermerkmale zu sein scheinen. Da paßt nichts zusammen, aber statt sich kämpferisch um eine Wende zu bemühen, kriechen die Spieler beleidigt über den Platz, hadern mit den undankbaren Zuschauern, ein jeder ein unverstandener Rastelli, der sich offenbar viel zu schade als Mannschaftsspieler ist.

Claus Hinrich Casdorff,
WDR-Chefredakteur

Gewiß ist der Begriff der launischen Diva eine typische Charakterisierung des oft unbegreiflichen Auf und Ab des 1. FC Köln. Einer Diva allerdings entschuldigt man einen Ausrutscher schon mal eher, während die Zuschauer beim 1. FC äußerst harte Folgerungen ziehen und wegbleiben. Man möchte es den Kölnern wünschen, daß sie aus diesem Grunde ihre Eigenart abstreifen.

Hermann Neuberger,
DFB-Präsident

Ich liebe den 1. FC Köln, und ich ärgere mich, wenn er verliert. Und deshalb wünschte ich mir, daß die Truppe etwas mehr auf Draht wäre. Ich muß im Theater dem Publikum auch bei jeder Vorstellung mein Bestes geben.

Willy Millowitsch,
Schauspieler

Wie viele Sportfreunde habe auch ich mich in den letzten Jahren über gute Leistungen der Geißbock-Elf gefreut, aber es gab auch manches Mal Anlaß zur Unzufriedenheit, insbesondere, wenn sicher geglaubte Punkte wegen mangelnden Zusammenspiels, zu geringen Kampfgeists oder Leichtsinns verlorengingen.
Ich verrate kein Geheimnis, wenn ich sage, daß »mein Verein« weiterhin nur ein Zweitligist ist und außerhalb Kölns residiert. Sollte Union Solingen eines Tages Bundesligaformat erlangen, so würde ich ihr in alter Verbundenheit – auch gegen den FCK – die Daumen drücken.

Walter Scheel,
Bundespräsident a. D.

So wie ich dem Kölner Sport insgesamt positiv gegenüberstehe, so verbindet mich besonders zu den alten FClern eine Freundschaft, die bis in die heutige Zeit reicht. Das hindert mich aber nicht daran, einigen Dingen kritisch gegenüberzustehen. Es ist zwar wichtig, die Finanzen eines Klubs in Ordnung zu haben, das sollte man aber nicht durch den

Verzicht auf eine attraktive Mannschaft tun. – Die Zuschauer wollen nun einmal Stars sehen.

Manfred Germar,
Präsident des ASV Köln

Der 1. FC Köln hat für den gesamten Kölner Sport hohe Maßstäbe gesetzt. Ich achte und schätze die Leistungen des 1. FC. Einiges davon hätte ich gerne für meinen Verein erreicht.

Hans Löring,
Präsident Fortuna Köln

Der 1. FC Köln hat mir bei der Erfüllung meiner Aufgaben mit der Deutschen Nationalmannschaft stets in sportlich-fairer und freundschaftlicher Weise geholfen. So sind große Erfolge unseres National-Teams durch die Mitwirkung seiner Spieler möglich geworden. Dafür danke ich ihm in alter sportlicher Verbundenheit von ganzem Herzen.

Helmut Schön,
Ex-Bundestrainer

Schon 1980 sahen wir in die Zukunft – was sportliche Leistung und Zuschauerzahlen beim 1. FC Köln – aber nicht nur da – angeht:

Em Stadion do trofen sich jot sibbetausend Mann
Ich hatt ene jode Platz erwisch,
doch de Zick, die wood m'r lang
Ich wor ming Fahn am schwenke
die Junge störte dat nit
2:1 verlore – FC-Fans kriesche nit . . .

Die Bläck Fööss

Tucholsky hat einmal gesagt: »Unsere Zeit ist eine Übergangszeit.« Nun gilt das sicherlich auch für alle möglichen anderen Zeiten und in

Sonderheit für die Kondition des 1. FC Köln. Heute prächtig, morgen schmächtig, und wenn gewonnen wird, sind die Zuschauer überrascht und sicherlich auch die Spieler.
Die FC-Fußballer sollten an eine alte Ubier-Weisheit denken, die da lautet, daß in Köln keiner ungestraft auf Dauer Pluspunkte sammeln kann, weder in der Kommunalpolitik noch im Karneval, noch beim Regierungspräsidenten und schon gar nicht im Profi-Fußball.
Es fügt sich also alles gut ineinander, und insoweit ist der 1. FC keine Diva, sondern ein normales Kölner Mädchen, keine langweilige Schönheit, sondern eher etwas Kurzweiliges, das aber ausdauernd.

Dr. Franz-Josef Antwerpes,
Der Regierungspräsident

Das Rheinland und der gesamte deutsche Fußball sind nach wie vor in aller Welt mit dem Namen 1. FC Köln und Franz Kremer eng verbunden. Für mich als Schiedsrichter bedeuteten Spielleitungen von Teams des anerkannten Renommierklubs, ob aus dem Jugend-, Amateur- oder Profibereich, in meiner fast 37jährigen Laufbahn stets Höhepunkte. Imponierend war immer die profihafte, aber trotzdem liebenswürdige menschliche Einstellung und Behandlung, angefangen bei den Balljungen über den Platzwart und die Geschäftsführung bis hin zum Präsidium.

Walter Eschweiler,
Schiedsrichter

Eine Mannschaft, in der Pierre Littbarski dribbelt, hat es zwangsläufig in sich.

Willy Brandt,
Partei-Vorsitzender der SPD

Der 1. FC Köln gehört zu den interessantesten deutschen Vereinen, bietet beste Voraussetzungen für Spieler und Trainer und ist absolut profimäßig geführt. Schade nur, daß in den letzten Jahren der ganz große Coup nicht mehr gelang. Für mich war die Zeit beim FC jedenfalls erfolgreich und lehrreich zugleich. Ein besseres Sprungbrett für die Karriere kann man sich eigentlich nicht wünschen.

Horst Köppel,
DFB-Trainer

Wer Sport treibt, wehrt sich gegen ein verweichlichtes, träges, bequemes Leben. Wir wollen und sollen den Leib gesund, stark und gewandt erhalten. Die Hl. Schrift sagt: »Besser arm und gesunde Glieder als reich und mit Krankheit geschlagen.« (Sir 30, 14). Es ist gut, daß im 1. FC Köln nicht nur Berufsfußballspieler, sondern viele hundert Jugendliche Gemeinschaft und Kameradschaft im sportlichen Spiel üben. Wenn ich sehe, daß die Berufssportler des 1. FC Köln nicht nur hervorragende Sportler sind, sondern Menschen bleiben und auch noch andere Ideale haben, ihren Sport auch als Spiel sehen, so freue ich mich darüber.

Joseph Kardinal Höffner,
Erzbischof von Köln

Wenn wir mit Borussia Mönchengladbach gegen den FC spielten, dann waren wir die »vom Land« – die Kölner die Stars. Sie zu schlagen, machte besonders Stimmung. Das hat sich nie geändert, denn obwohl der sportliche Erfolg mal so, mal so ist, schaut man beim FC immer noch auf die anderen herab. Es muß aber auch Freude machen, bei den Kölnern unter Vertrag zu sein, denn die meisten Spieler bleiben doch recht lange. Und spielen traditionsgemäß ihren Wellental-Fußball: Bei Sonnenschein super, bei Regen dürfen die Trikots nur vielleicht mal schmutzig werden.

Berti Vogts,
DFB-Trainer

Der 1. FC Köln ist in und für Köln eine Institution. Er gehört zu unserer Stadt wie »Ford« oder »4711«. Der FC hat den Namen »Köln«

nicht nur auf dem Spielfeld, sondern auch auf gesellschaftlicher Ebene im In- und Ausland stets hervorragend vertreten.
Die Bezeichnung »Diva vom Rhein« birgt sicherlich wie jedes Image, das anderen nachgesagt wird, einen Funken Wahrheit. Den FC vergleiche ich, was die sportlichen Erfolge angeht, durchaus mit einer erfolgreichen, mondänen, aber auch unberechenbaren »Dame«.

Kurt Rossa,
Oberstadtdirektor

Seit der 1. FC Köln besteht, bin ich ein großer Anhänger des Klubs. Der leider viel zu früh verstorbene Präsident Franz Kremer war für mich immer ein Vorbild.
Eine Bemerkung kann ich mir aber nicht verkneifen: Der 1. FC hat doch immer gut gewirtschaftet. Deshalb sollte er baldmöglichst mal zwei fertige Spieler kaufen, damit der Klub wieder die Rolle spielt, die wir – seine Anhänger – von ihm erwarten.

Heinz Wolke,
1. Vorsitzender des S.C. Viktoria Köln 04

Da mir zum 1. FC Köln nichts (mehr) einfällt, vergreife ich mich an einem guten Einfall, den ich einer Frau verdanke. Meine WDR-Kollegin Carola Stern antwortete auf die EXPRESS-Frage, was sie für das größte Unglück halte: »Wenn Litti nach Leverkusen verkauft würde.«

Werner Höfer,
Moderator des
»Internationalen Frühschoppen«

Ich bin mit Sicherheit einer der größten FC-Fans in dieser Stadt, aus drei Gründen:
1. Der 1. FC ist der einzige Verein, der der Kommune noch nie zur Last gefallen ist.

2. Der 1. FC Köln ist so populär, daß er auch außerhalb Deutschlands als kostenloser Werbeträger für die Stadt wirkt.
3. Der 1. FC Köln leistet vorbildliche Jugend- und Senioren-Arbeit, ein Umstand, der auch eine hochbezahlte Profi-Truppe rechtfertigt.

Ich wünsche mir allerdings, daß der große 1. FC sich die Fortuna zum Vorbild nimmt und ihr Fußball-Angebot um eine Frauen- und Mädchen-Abteilung erweitert.

Klaus Ulonska,
Sportausschuß-Vorsitzender der Stadt Köln

Zum 1. FC Köln gibt es für mich nur den einen Satz: »Da schweigt des Sängers Höflichkeit.«

Willy Schneider,
Sänger

Unser Hätz schläät för dr FC Kölle
un dat nit nur wenn hä jewennt.
Schon als Pänz han mer op en
jeschannt, met em jeledde un uns met em jefreut.
Dat eß hück noch esu!
Jeschannt wed üvver dr Vorstand,
jeledde met unsrem Räuber Toni,
wenn hä de Bud volljehaue kritt un
freue dun mer uns einmol em Johr, op de FC Sitzung.
Sullt dr FC ens dr Europapokal jewenne,
dann singe mer bestemp:
Dat Hätz vun dr Welt eß dr FC Kölle!
Hoffentlich singe dat nit eetz uns Urenkel . . .

De Höhner

STÄNDIG ALLRAD. STÄNDIG ABS.
FORD SCORPIO 4 x 4.

Der Klüngel

Wie um das »Geißbockheim« ein bißchen Dallas gespielt wird und warum es Fremde beim 1. FC nicht immer leicht haben, untersuchte Karl-Heinz Mrazek

Wütend sprang Harald Schumacher auf den Fenstersims und zog den Stetson-Hut – ein Geschenk des Onkels – tiefer ins unrasierte Gesicht: Im Klubhaus des Geißbockheims war Gefahr im Verzuge, der Ober-Geißbock ziemlich »geladen«.

Eine Stunde nach dem UEFA-Cupspiel gegen Dosza Budapest packte ihn die Wut, als einige Spieler den Fernseher anknipsten. »Müßt Ihr Euch dieses Scheißspiel auch noch angucken«, giftete er. Die zwei Gegentore beim 2:4, die letztlich das Aus bedeuteten, brannten ihm auf der Seele.

Noch mehr ergrimmten den Toni freilich die champagnertrinkenden Funktionäre am Vorstandstisch, denen er noch nicht verziehen hatte, daß sie ihn ein paar Wochen zuvor gesperrt und damit eine Erfolgsserie von 216 Bundesligaspielen in Folge beendet hatten.

Die Vorgänge um diese Sperre sind eine Fallstudie für den Kölner Klüngel, den der frühere Kölner Oberbürgermeister Theo Burauen einmal so beschrieben hat: »Klüngel ist, wenn man eine amtliche Sache persönlich erledigt.«

Im Kreis der Nationalmannschaft hatte Schumacher vor dem Länderspiel in Budapest lautstark nach Verstärkungen für den FC gerufen und mit dieser Forderung nach Ansicht des Vorstands seine Kompetenzen überschritten. Zu frisch waren die Narben der Wunde, die der Toni geschlagen hatte, als er »im Paket« die Ablösung von Schatzmeister Karl-Heinz Thielen, Manager Hannes Löhr und Trainer Rinus Michels gefordert hatte. Also bedrängt Thielen seinen Präsidenten, dem Rebellen im Tor einen Denkzettel zu verpassen. Und da die beiden wußten, wie sie den ehrgeizigen Sportsmann am besten treffen könnten, kam ihnen der Gedanke, den Toni für ein Spiel zu sperren.

In der Kanzlei des Rechtsanwalts Bernd Schäfer, einem Mitglied des Vorstands, versuchten der Torwart, sein Berater und Freund Rüdiger Schmitz sowie Schumacher-Intimus Dr. Bernhard Worms, den Präsidenten Peter Weiand, mit dem sie telefonisch verbunden waren, in der

Nacht vor dem Spiel gegen Waldhof Mannheim in Ludwigshafen von dem Vorhaben wieder abzubringen.
Als die Herren das Anwaltsbüro verließen, ging Schumacher mit dem guten Gefühl, die Sache sei zu seinem Besten gediehen. Frohgestimmt packte er am nächsten Morgen seine Sporttasche und fuhr zum Lottohaus am Rheinufer in dem festen Glauben, er werde im Wagen des Präsidenten mit nach Ludwigshafen fahren. Doch die Hoffnung trog. Weiand, offensichtlich um Gesichtsverlust besorgt und von Thielen beeinflußt, beharrte plötzlich wieder auf Sperre und fuhr allein nach Ludwigshafen.
So stand im Südweststadion Edelreservist Gerald Ehrmann im Tor des 1. FC Köln, der bei seinem Abschied nach sechs Jahren Ersatzdienst am Rhein seinem bisherigen Geldgeber das wenig schmeichelhafte Zeugnis ausstellte: »Beim 1. FC Köln ist es wie bei Dallas. Nur gibt es da sechs J. R.«
Wer gerade in der Rolle des Dallas-Fieslings agierte, war nicht immer auszumachen, und es kam letztlich auf den Blickwinkel an. Aus Vereinssicht war es meist der »Tünn«, aus der Sicht des Torhüters der Thielen, von ihm ironisch »der Peter Redford« gerufen, und aus der Sicht der Fußballgastarbeiter mal der Trainer, mal der Toni und früher Wolfgang Overath. Und der wiederum sah in Hennes Weisweiler den Bösewicht, der, mit Kölner Klüngelspiel bestens vertraut, auch schon mal die Medien benutzte, um den Heldentenor Overath aus der Mannschaft zu singen.
An diesem besagten Abend jedenfalls saß der Toni murrend und knurrend auf dem Fenstersims und verhielt sich eigentlich atypisch. Denn, so lautet eine Binsenweisheit, am Rhein schlägt und verträgt man sich schneller als anderswo.
»Normalerweise verzeiht der Toni schnell, doch daß man seine Serie kaputtgemacht hat, das konnte er nicht verkraften«, erklärt sein Manager Rüdiger Schmitz die lang andauernde Trotzhaltung des Karnevalsjecken Schumacher.
Das Ränkespiel eskalierte sogar und drohte eine bislang nicht erlebte Brisanz zu bekommen, als der Toni den »Robert Redford« bezichtigte, hinter seinem Rücken seinen Verkauf zu betreiben und so seinen Traum zu zerstören, mit 40 der jüngste Präsident des 1. FC Köln zu werden (ob er das freilich wird, steht auf einem anderen Blatt: Franz

Kremer hatte nämlich in die Vereinssatzungen den Passus aufnehmen lassen, daß der Verwaltungsrat einen Kandidaten vorschlagen muß, »damit nicht jeder Jeck Präsident werden kann«).

Zur Zerreißprobe des gespannten Verhältnisses zwischen dem Torhüter und dem Vorstand sollte dann der Wechsel des Ausstatters werden. Nach jahrzehntelanger Verbundenheit mit dem Hause Adidas – Wolfgang Overath nannte es Freundschaft – gab das Trio Weiand, Thielen, Meier trotz vorangegangener Zusage bei Adidas ganz überraschend dem Puma-Chef Armin Dassler das Jawort.

Für den Adidas-Repräsentanten Schumacher war das »Verrat« und Grund, sich schärfer noch als bisher mit dem Präsidenten zu kabbeln. »Ich spiele weiter für Adidas und damit basta«, schrie er, nicht mehr ganz nüchtern, während einer Mittelamerikareise des Geißbockklubs zur Jahreswende 1984/85 an der Bar des Sheratonhotels in San Salvador Peter Weiand an. Und der Präsident schrie zurück: »Ich bin Präsident und bestimme, in welcher Kluft Sie spielen. Und wenn Sie sich weigern, wird die Sache eben vor Gericht ausgetragen.«

Dazu kam es nicht, auch noch nicht zur großen Versöhnung, auf die Weiand so versessen war und die er so geschickt zu arrangieren gedachte. Bei der traditionellen Karnevalssitzung im »Sartory« wollte Weiand zwei Fliegen mit einer Klappe schlagen, den schunkelnden Narren Puma-Chef Armin Dassler als neuen Geschäftspartner präsentieren und dann Toni Schumacher zur Begrüßung auf die Bühne bitten. Schumacher freilich legte sich quer. Mit dem Ausspruch »Ich bin nicht der Affe im Zoo«, verdarb er dem Klubpatron den großen Auftritt. Aufs Podium hüpfte er nur, um vom Adidas-Repräsentanten Wolfgang Overath – der in seiner Eigenschaft als Wolfgang I., Prinz Karneval von Siegburg auftrat, einen Orden in Empfang zu nehmen.

Ein paar Tage später folgte dann doch noch ein Happy-End. Und Schumacher durfte sich als Sieger fühlen: In wenigen Stunden war es ihm gelungen, alle Vorstandsherren an einem Samstagmorgen zusammenzutrommeln und den Vertrag zu fixieren, um den es vorher einen sorgsam inszenierten Nervenkrieg gegeben hatte. Vier Jahre lang, so einigten sich die Streithähne, wolle man weiter zusammenarbeiten und künftig alles vermeiden, was die Harmonie stören könne. Weiand war wieder »der liebe Pitter, der gar nicht so schlimm ist«, und Toni wieder »mein guter Freund«.

Oben: Klüngel hinter den Kulissen, Karneval auf der Bühne. V. l.: Prinz Karneval Wolfgang Overath, Peter Weiand, Toni Schumacher, Hannes Löhr, Karin Overath als Prinzessin

Unten: Peter Weiand im Lotto-Geschäft von Gerd und Emmy (hinten) Strack

Zu Zeiten Franz Kremers, Kenner seiner Regentschaftszeit beschworen es, wäre das Stück anders ausgegangen, eine Trennung wohl nicht zu verhindern gewesen.

Kremer ging Konfliktsituationen frontal an. So rief er Karl-Heinz Thielen, als dieser noch auf dem rechten Flügel stürmte, zur Ordnung, weil er sich als Kolumnist der »Kölnischen Rundschau« nach Kremers Meinung ein bißchen zu weit aus dem Fenster gehängt und die Linie der Hofberichterstattung verlassen hatte.

Kritische Worte fielen in der Ära Franz Kremer auch schon mal an der Theke, die in den fünfziger und sechziger Jahren als Austragungsort der dritten Halbzeit sehr beliebt und von den Spielern lebhaft frequentiert war.

Ausländer mochten solche feucht-fröhlichen Debattierrunden als Brutstätte Kölner Klüngels empfinden, doch Fritz Ewert, dem Kölsch sehr zugetan und als Torhüter hochgeschätzt, sah das anders: »Natürlich machten wir an der Theke und an den Tischen im Klubraum unsere Witze, aber mit Cliquenwirtschaft oder gar Diskriminierung der Nichtrheinländer hatte das nichts zu tun. Richtig ist, daß sie uns meistens nicht verstanden und sich so ein bißchen ausgeschlossen fühlten.«

Deshalb vor allem, so beteuern die Zeitzeugen, sei die menschliche Integration einiger Ausländer gescheitert.

Die Betroffenen sahen das manchmal anders. So beklagte sich der schwedische Nationalspieler Roger Magnusson, ein Dribbler par excellence und von Franz Kremer 1967 mit dem Ziel geholt, dem verwöhnten Kölner Fußballpublikum einen zweiten Helmut Rahn zu servieren, über frostiges Klima während und nach dem Spiel.

Argwöhnisch schweifte sein Blick im Klubraum gelegentlich ans Ende der »Rittertafel«, an der Ritter Overath und seine Knappen Wolfgang Weber und Johannes Löhr saßen und die Köpfe zusammensteckten.

Anlaß zum Mißtrauen gab dem Wikinger auch das Verhalten des Geißbock-Dirigenten auf dem Rasen. »Man hat mir keine Bälle gegeben«, sah sich Magnusson am rechten Flügel vernachlässigt, eine Ansicht, die Heinz Flohe, seinerzeit einer von vielen Nachwuchsspielern, durchaus teilt (»Den Roger hat man verhungern lassen«). Dem widerspricht allerdings Hans Schäfer. Schäfer macht Trainer Willy Multhaup für Magnussons Scheitern in Köln verantwortlich: »Der Willy

wollte, daß der Schwede seinem Gegner hinterhersaust, anstatt ihm die Freiheit zu lassen, die so ein Stürmer-Individualist braucht.«
Overath schob alles auf den Spieler: »Der Roger hat sich immer so geschickt versteckt, daß er nicht anspielbar war.« Aber mit den Trinksitten, so Overath, sei der labile Roger gut zurechtgekommen und nach jedem Spiel durch seinen enormen Durst aufgefallen.
Akklimatisierung fiel auch dem Dänen Ole Sörensen in Köln schwer, der aber mehr an der Hypothek, den 1965 abgetretenen Hans Schäfer ersetzen zu sollen, als am Kölner Klüngel zerbrach.
Sörensen und Magnusson, die Skandinavier, verließen Köln mit Groll im Herzen, ein anderer Ausländer ging mit Tränen in den Augen: Milutin Soskic, der brave Tormann aus Belgrad, betonte permanent, wie schön es am Rhein bei den Geißböcken gewesen sei. Und für die Kölner Kollegen war er stets der »leeve Jong«.
Einer der Kölner »Fremdenlegionäre« schaffte es sogar, zum Obergeißbock zu avancieren, sich schon Anfang der fünfziger Jahre einen ähnlichen Status zu verschaffen wie Toni Schumacher ein Vierteljahrhundert später.
Er kam aus dem holländischen Sittard und hörte auf den Namen Frans de Munck. Als der Geißbockklub noch auf recht jungen Beinen stand, gerade dabei war, den Geruch des Provinzklubs abzulegen, hielt es Franz Kremer für ratsam, die Attraktivität der Mannschaft durch den Kauf eines erstklassigen Ausländers zu erhöhen. Und so ließ er sich den Torhüter Frans de Munck aufschwatzen, der sehr schnell die Sympathien des Präsidenten und der Spieler gewann: gewandt im Tor, gewandt im Auftreten – ein Weltmann eben.
»Der Frans hatte mit unserer Mentalität überhaupt keine Schwierigkeiten, verstand unsere Verzällchen und war zudem als Torhüter Spitzenklasse«, erinnert sich Altnationalspieler Jupp Röhrig gern an gemeinsame Fußballjahre im Geißbocktrikot.
Wie gut Frans sein Handwerk verstand und sich durchsetzen konnte, bekam auch Fritz Herkenrath zu spüren, schon damals eine Berühmtheit im Tor. Der gute Fritz rutschte ins zweite Glied und ging schließlich weg. Befreit vom Konkurrenzdruck des Holländers wurde er mit Rot-Weiß Essen 1955 Deutscher Meister und drei Jahre später Herbergers erster Mann im Tor der Weltmeisterschaftsmannschaft.
Auch den Kölner Frauen gefiel de Munck. Sie tauften ihn den »schö-

nen Frans«. Und schließlich entdeckte ihn Robert A. Stemmle, einer der profiliertesten Filmregisseure der Nachkriegszeit. In »Das ideale Brautpaar« durfte Frans de Munck einen Torhüter spielen, den die Tochter des Chefarztes umgarnt. Das Happy-End der Zelluloidgeschichte: Arzttochter und Torhüter werden im Kölner Dom getraut.
Frans de Munck war ein Glücksfall für den FC Köln, immun gegen den Virus des Klüngels, stark genug, sich kraft seiner Persönlichkeit zu behaupten.
25 Jahre später schien der Engländer Tony Woodcock ähnlich leicht in die Haut eines Geißbocks zu schlüpfen. Ehe der den Fuß in die Tür gestellt hatte, verkündete er schon: »Wenn die Sache erfolgreich verläuft (ein Zweieinhalbjahresvertrag), möchte ich zehn Jahre bleiben.« Trainer Hennes Weisweiler hielt ihn für besser als Kevin Keegan, und im Geißbockheim kümmerten sich die Kollegen geradezu rührend um den blassen Jüngling aus Nottingham. Doch als Weisweiler ging, Rinus Michels ihn auf die Bank setzte und sein Trauzeuge Dieter Müller nach sieben Jahren Dienst in Köln in Stuttgart neues Fußballglück suchte, verließ den Mann von der Insel schnell die Lust. Eine Lobby hatte er nicht.
Daß aber auch härtere Gesellen als der feinnervige Tony an Köln und dem Klüngel verzweifeln können, wenn sie das Spiel hinter den Kulissen unterschätzen oder gar ignorieren, erfuhr der robuste Trainer Rinus Michels, erst respektvoll, später eher verächtlich »der General« gerufen.
Zunächst freilich lernte er die guten Seiten des Kölner Klüngels kennen, durfte nebenbei, wie vorher schon Hennes Weisweiler, in der Lottopostille des Lottodirektors Peter Weiand für gutes Geld, versteht sich, seine Fußballweisheiten verbreiten.
»Kölner Klüngel gibt es überall« – er fühlte sich stark genug, seine Marschroute gegen alle versteckten Widerstände durchzusetzen. Zwei Jahre später nahm er seinen Abschied. Die Spieler hatten ihn als Ursache allen Übels auf dem Rasen ausgeguckt und die Gefolgschaft verweigert.
Noch optimistischer und selbstbewußter als Michels trat der stets fidele Jimmy Hartwig seinen Dienst in Köln an. Applausserien beim Kölner Sportpressefest hatten den guten Jimmy in dem Gefühl bestärkt, für Köln genau der richtige Mann zu sein, endlich eine Heimat

für seinen Frohsinn gefunden zu haben. »Hier gefällt es mir, hier gehöre ich hin«, redete er sich ein.
Die Kollegen blieben skeptisch, wollten erst Leistung sehen. Und da diese mit seinen großen Sprüchen nicht Schritt halten konnte, verdarb er es sich erst mit Toni Schumacher, dann mit Pierre Littbarski und Mannschaftskapitän Klaus Allofs und schließlich mit Trainer Hannes Löhr.
Auf die Frage eines Reporters, wie der Trainer seine Verbannung auf die Ersatzbank begründet habe, schlug Jimmy unter die Gürtellinie: »Von Herrn Löhr erwarte ich keine Begründung. Diese können mir nur Weltklassetrainer wie Happel oder Zebec geben.«
Hartwig entschuldigte sich zwar anschließend bei Löhr und nahm auch die Geldstrafe hin, doch die Stalltür blieb fürderhin für den Möchte-Gern-Geißbock verschlossen. So resignierte er bald und machte den Klüngel für sein Mißgeschick am Rhein verantwortlich. »Es scheint«, so gab er zu Papier, »als sei ich dem Kölner Klüngel nicht gewachsen. Überall wird nur getuschelt und nie offen die Meinung gesagt«, bemerkte er enttäuscht.
Daß manchmal nicht nur getuschelt, sondern auch laut gedacht wird, bewies indes ein Vorgang, der sich im Herbst 1985 abspielte. »Haben Sie ein Konzept gesehen, ich nicht«, giftete Vorstandsmitglied Karl-Heinz Thielen nach einem 0:5 der Geißböcke in Stuttgart in Richtung Trainer, mit dem er als Spieler früher gelegentlich aneinandergerasselt war. Anderntags beteuerte Thielen dann, daß er fest zu Hannes Löhr stehe ...
Karl-Heinz Thielen ist im übrigen ein Paradebeispiel dafür, daß sich Vereinstreue in Köln durchaus lohnt. Nach Abschluß seiner Karriere half ihm Peter Weiand erst zum Job eines Klubmanagers und später zu einem Filialleiterposten beim Nordwestlotto.
Thielen war nicht der einzige Nutznießer Kölner Fürsorge: So bekamen Jungprofis wie Wolfgang Overath oder Heinz Flohe einen Nebenjob beim Kaufhof, Franz Kremer besorgte Spielern wie Overath, Thielen oder Heinz Hornig frühzeitig Immobilien und günstige Hypotheken. Es war üblich, daß Spieler auf Wunsch eine Lottostelle bekamen.
Auch Nationalspieler Gerd Strack erfreute sich solchen Entgegenkommens, erhielt den Lottoladen auf der Luxemburger Straße, in dem vor

ihm Jupp Röhrig stand, der dann im Nordwestlotto in den Außendienst ging. Doch die vermeintliche Goldgrube brachte dem Schumacher-Intimus kein Glück. Schulden wuchsen ihm über den Kopf. Und da er sein Unglück vor allem Berater Rüdiger Schmitz anlastete, kam es auch zum Bruch mit Toni Schumacher. Und da Strack auch noch sportlich in ein Tief rutschte und mit Trainer Löhr aneinandergeriet, waren die Tage des »Langen« beim FC Köln gezählt.
Den Lottoladen hat jetzt Leo Wilden, einer aus der Nationalspielergarde der späten fünfziger und frühen sechziger Jahre.
Wohlverhalten wird in Köln auch dann noch honoriert, wenn einer wie der Altnationalspieler Paul Mebus ein bißchen aus der Spur geraten ist. Im Lottohaus kam er als Pförtner unter, letztlich Indiz dafür, daß es sich auszahlt, wenn man sich im »Dschungel«, wie Rinus Michels den Kölner Klüngel bei seinem Abgang nannte, ein bißchen zurechtfindet.
Dieses Talent besaß der Saarländer Heinz Simmet, ausgestattet mit viel Mutterwitz und einer großen Portion Bauernschläue, in beachtlichem Maße. Mühelos eroberte er sich seinen Platz im Geißbock-Stall. Und wie der Westfale Heinz Hornig, dem Hans Schäfer einst die Scheu vor der neuem Umgebung nahm, blieb Simmet nach Ende seiner Profizeit in Köln. Als Inhaber eines Anstreicherbetriebs kam ihm die Popularität zustatten, die er in vielen Jahren Fußballtätigkeit beim 1. FC Köln erworben hat.

Das Kölner Dom
Dom Kölsch.
Aus dem Herzen
Kölns.
Bekömmlich
und frisch.
Dom-Brauerei Köln
Dom
KÖLSCH
Bekömmlich und frisch
nach alter Kölner Tradition
gebraut
Rein obergärig
Dom-Brauerei Köln
Dom
KÖLSCH
Bekömmlich und frisch
nach alter Kölner Tradition
gebraut
Rein obergärig

Tony Woodcock

Einen Drink auf den Abschied von Köln

Eines der schönen Dinge seit meiner Rückkehr in England ist, daß du nach dem Spiel abhauen und dir einen Drink genehmigen kannst. In Köln mußten wir nach Heimspielen im Geißbockheim alle zusammen essen – die Spieler, der Präsident, der Manager und der Trainer. Da gab es diese drei langen Tische, einer am Kopf und zwei daran anstoßend an den Seiten entlang, und wir saßen alle außen drumherum. Wenn wir verloren hatten, war das ein Desaster. Wir saßen alle da, guckten jeder jeden an und verbrachten zwei Stunden in dem dringenden Wunsch, nach Hause gehen zu können.

Einmal haben wir gefragt, ob man nicht kleine Tische aufstellen könnte, wo wir sitzen und miteinander schwatzen könnten. Das passierte einige Wochen lang, dann standen wieder die langen Tische da, und alles, was wir machen konnten, war dasitzen und die TV-Sendungen über die anderen Spiele anzusehen. Am Ende stand der Präsident auf, hielt seine Rede – entweder »Herzlichen Glückwunsch« oder »Nächste Woche müssen wir es besser machen« – und das war's dann – bis auf das Händeschütteln mit jedem.

Mit Arsenal-Trainer Don Howe kannst du auch mal einen trinken und ein Schwätzchen halten. Mit Rinus Michels war das unmöglich. Er war sehr förmlich, gab morgens jedem die Hand. Michels war der härteste Trainer, den ich je gekannt habe. Als er in Köln ankam, ließ er uns buchstäblich in Grund und Boden rennen – und das machte er zwei Jahre lang. Einmal hatten wir samstags schlecht gespielt und dann bis mittwochs keinen Ball mehr gesehen. Am Mittwochnachmittag dann saß Michels auf Hügel Nr. 6, zehn Minuten entfernt, und wartete auf uns. Das Training war so hart, daß wir unterwegs stoppten und ihn fragten: »Können wir nicht ein bißchen mehr Fußball spielen? Das hier bringt uns um.« Da sagte er: »Wer hat euch gesagt, ihr sollt aufhören? Wenn ihr Fußball spielen wollt, dann macht das nach dem Training.« Er sagte, er würde seine Methoden nicht ändern. Das war die Art, wie er die Dinge regelte, die Art, mit der er erfolgreich gewe-

sen war. Aber ich muß zugeben, daß ich mich unter Rinus Michels Regiment sehr fit fühlte.
Wenn einer Spaß am Fußball hatte, war es für ihn riesig, mit Weisweiler zu arbeiten. Er hatte große Reputation als Taktiker. Als ich in Köln ankam, hatte ich Schwierigkeiten, ihn zu verstehn, sein Englisch war nicht so besonders. Aber ich merkte, daß seine Stärke sein enormes Spielverständnis war. Ich mochte ihn sehr. Er war ein typischer Kölner – urwüchsig und ungeschliffen. Im Trainingslager teilte ich mit Bernd Cullmann mein Zimmer. Einmal konnten wir Weisweiler singen hören, als er ein paar Bier oder Champagner getrunken hatte, um sich fürs Spiel aufzubauen. Dann knallte Culli seinen Schuh an die Decke und eine Weile war Ruhe. Eine halbe Stunde später fing Weisweiler wieder an ...

Bernd Schuster

Ich wäre gern in Köln geblieben

Wenn ich mir heute in Barcelona ab und zu mal ein Video-Band vom Colonia-Duett anschaue, dann denk ich an meine 2½ Jahre beim 1. FC Köln. Trotz des Theaters bei meinem Abschied, den Auseinandersetzungen mit Trainer Heddergott, den wenig erfreulichen Verhandlungen mit Präsident Weiand war es eine schöne Zeit.
Wäre Hennes Weisweiler geblieben oder Hannes Löhr – damals Assistent – sofort auch sein Nachfolger als Trainer geworden, vielleicht wäre ich heute noch beim 1. FC. Mit Löhr, der ja dann Manager wurde, war ich sogar noch im September 1980 einig über einen neuen Vertrag. Aber dann kam der Tag, an dem mich Heddergott beim Training in die Geschäftsstelle schickte, um mir meine Papiere abzuholen. Da war natürlich alles zerbrochen.
Schuld, daß die Geschichte mit Trainer Heddergott bis zum bitteren Ende ging, haben allerdings auch die anderen FC-Spieler gehabt. Sie flachsten und amüsierten sich über ihn, der uns nach dem Training »Hipp-Hipp-Hurra« schreien ließ, und uns Lieder auf der Klampfe vorspielte. Aber keiner sagte mal offen die Meinung über diesen schwachen Trainer. Es war ja so bequem.
Ich aber wollte und will keinen Trainer, bei dem ich mir ein angenehmes Leben machen kann. Für mich ist es wichtig, daß er ein Könner ist. Dann darf er auch hart sein; denn ich will den Erfolg im Fußball. Und die Chancen, mit dem »Amateur-Trainer« etwas zu erreichen, waren nicht gegeben. Das habe ich erkannt und deshalb dies auch öffentlich gesagt.
Aber Solidarität innerhalb der Mannschaft, das scheint im Fußball wirklich ein Fremdwort. Ich habe es später aus der Ferne erlebt, wie man Toni Schumacher und Pierre Littbarski, als sie Kritik am Trainer übten, genauso im Regen stehen ließ.
Doch dies ist wohl nicht typisch kölsch. Das habe ich auch schon in Barcelona erlebt. Und ähnlich ist es wohl auf der ganzen Fußball-Welt.

Aber ansonsten ist Köln meine Heimat in Deutschland geworden, zumal ich hier ja auch meine Frau kennenlernte, die ein echt »kölsches Mädchen« ist. In den 2½ Jahren habe ich auch ganz gut Kölsch gelernt, obwohl das für einen Augsburger nicht ganz einfach war.
Mir aber gefiel der Dialekt ebenso wie die lockere rheinische Art sofort, als ich mit 18 nach Köln kam. Ich habe schnell gelernt, daß die Rheinländer nicht jedes Wort auf die Goldwaage legen. So habe ich mich nicht sonderlich verrückt machen lassen, als nach einem Spiel der FC-Nachwuchsmannschaft in Mönchengladbach Hennes Weisweiler grantelnd zu seinem Assistenten Hannes Löhr sagte: »Den Schuster, die Schlofmötz, kannste he in Gladbach losse.«
Ich wußte, daß Weisweiler genau wie Löhr – beide haben mich ja in Israel bei einem Spiel der DFB-Jugendauswahl entdeckt – sich einiges von mir erhofften. Auch wenn er mal unwirsch war: Weisweiler hat uns junge Spieler behutsam aufgebaut. Wenn er nach Niederlagen wütend war, bekamen stets die etablierten Stars eins drauf. Angst vor großen Namen kannte er nicht.
Ihm habe ich es zu verdanken, daß ich noch vor dem Ende meiner ersten Bundesliga-Saison Nationalspieler wurde. Am 22. 5. 1979 machte ich schon mein erstes Länderspiel beim 3:1 gegen Irland in Dublin. Auf dieser Reise war auch erstmals Toni Schumacher im Derwall-Aufgebot. Doch er durfte lediglich im zweiten Spiel in Island (3:1) eine Halbzeit für Sepp Maier – damals noch die Nummer 1 – ins Tor.
In dieser Zeit träumten der Toni und ich noch davon, daß wir mal ein Gespann wie Sepp Maier und Franz Beckenbauer werden würden. Aus Spaß nannte er mich Franz und ich ihn Sepp.
Nachdem es im nächsten Jahr bei der Europameisterschaft in Italien so hervorragend für uns beide lief, wir mit dem Titel nach Köln zurückkehrten, schien dieser Traum nicht mehr unrealistisch.
Doch nach meinem Wechsel zum FC Barcelona kamen ja die vielen Probleme, die schließlich dazu führten, daß ich nach einigem Hin und Her schließlich ganz auf meinen Einsatz in der Nationalelf verzichtete.

Abschied vom Traumjob

In einem Feature schildert Hans Borchert am Beispiel von fünf FC-Stars von 1974, wie sie mit dem Leben nach ihrer Fußballkarriere zurechtkommen.

Wolfgang Weber, Jahrgang 44, 53 A-Länderspiele, bis 1977 Fußball-Profi beim 1. FC Köln, später Assistenztrainer, später, später Cheftrainer bei Werder Bremen, dort gescheitert und entlassen, sodann Repräsentant der Sportartikelfirma Adidas und das auch jetzt noch – Verkäufer also –, Wolfgang Weber hockt an einem Tisch in der Cafeteria eines Kölner Krankenhauses. Patient im Patientenmurmeln. Er schüttet Zucker auf einen Löffel, taucht den Löffel in Kaffee, schlürft den süßen, braunen Saft, häuft Zucker auf, taucht ein, schlürft aus. HäufenTauchenSchlürfen, beiläufig gemurmelt ins Tisch-zu-Tisch-Murmeln – das ist gut für die Nerven. –

Wolfgang Weber hat seit längerem rasende Kopfschmerzen. Folge eines Wirbelgleitens im Nacken, Spätfolge seiner Fußballer-Laufbahn. Krankengeschichte, unerledigt, nicht abgeschlossen, nicht geheilt

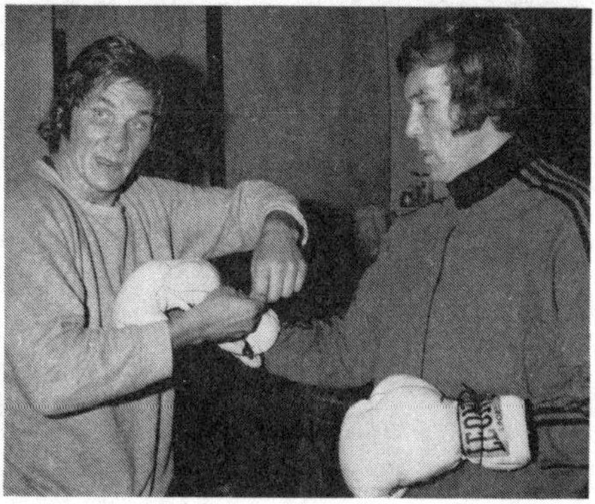

Links: Heinz Simmet in seiner Malerwerkstatt
Oben rechts: Wolfgang Weber im Sportartikel-Lager
Unten rechts: Gerd Welz (r.) mit Ex-Box-Meister Rüdiger Schmidtke

wie, wie die Arm- und Beinbrüche, nicht unter Kontrolle wie, wie die Herzmuskelentzündung von siebenundsiebzig, noch offen die Frage – Messer im Kopf, warum? – nur Schmerzen, die einsickern und die Schädeldecke sprengen, Schmerzen, die Schmerzen überdecken, symptomatische Schmerzen – für was? – Schmerzen, die sich scheinbar einleuchtend erklären. Wirbelgleiten im Nacken, DA hat man höllische Kopfschmerzen.
Seine Ausblicke sind Rückblicke. Zurück, seine Gedanken haben es eilig. Zurück, zurück. Die fünf Repräsentantenjahre, erwähnenswert

wäre – eigenartige Lähmung – erwähnenswert wäre: eigentlich nichts.
Stop, Januar 1980, das weiß er genau. Zu genau, er hört noch die Stimmen. – Wolfgang, es tut uns leid. Du bist ausgezeichnet, ja wirklich, ausgezeichnet; nein, das kannst du uns glauben. Aber wir müssen, du verstehst, kennst doch deinen Job. Wie? Noch ein Versuch? Wir würden ja gerne, aber die ÖffentlichkeitFansPresse, Wolfgang, versteh uns nicht falsch. Also kurz: Wir haben OTTO verpflichtet. –
Rehhagel kommt, Weber geht. Sein letztes Spiel gegen Uerdingen. Unglücklich verloren. Weber muß gehen, ohne ihn geht es nicht besser. Völler schießt nicht mehr Tore, OTTO holt nicht mehr Punkte. Werder steigt ab, ab, ab. Kein Trost.
– Das hat mich fertiggemacht. Das war der Beruf, den ich liebte. Das war meine ZUKUNFT. Zu weich, zu nachgiebig, zu verständnisvoll, das alles warst du, Wolfgang. Hättest einen neuen Mann fordern sollen, dich nicht vertrösten lassen, wäre schon gegangen. Stimmt, es ist normal, ich meine, in dem Beruf sind Rausschmisse normal, alltäglich, aber mich hat das umgehauen, mir hat das die Beine weggezogen. Da war nichts mehr, nur Zweifel, keine Zuversicht. Da kam das Angebot von Adidas, der Overath, der Uwe Seeler, die haben das angeregt, und ich habe zugesagt. Schweren Herzens. Icb hatte Angst. –
HäufenTauchenSchlürfen, klebrig süßer brauner Saft – gut für die Nerven. –
Seitenstrangangina, Herzrhythmusstörung, Stop, Stopschild, Januar siebenundsiebzig. Wolfgang Weber ist 32 Jahre alt, die Pumpe pumpt unregelmäßig. Jeder dritte Schlag: bum-tak- bum-tak, tak. Er denkt. Eine Pause, nichts Ernstes. – Eine Verletzungspause, nur keine Sorge.
DAS PACKST DU!
Er rechnet. Pause, wie lange? Von sieben Tagen einer Woche ist einer wichtig. Der Sechste. Er rechnet in Spieltagen. Von Samstag zu Samstag, immer eine Woche. Ein Monat klingt harmlos, vier Spieltage. Wie viele also: Vielleicht sechs, sieben, keinesfalls acht. Sicher, es ist ganz sicher: Er wird weiterspielen.
WAS SONST!
Hat nicht Helmut Schön angerufen, hat ihm nicht Helmut Schön Hoffnung für Argentinien gemacht? – Kopf hoch, Wolfgang, du könn-

test mein Libero sein. – Er beginnt mit dem Training. Zu früh, sagt der Arzt. Zu früh, läßt die Pumpe melden und tickt aus dem Takt. Bum-tak, bum-tak, tak – jeder dritte Schlag, schon wieder. Er blickt aus dem Fenster, draußen alles rot, rouge ocker, orange, braun. Abendrot, herbstlich geschminkte Wipfel winken herein, wo der Arzt sich ein Herz faßt, es muß schließlich raus. – Also, Wolfgang, du mußt Schluß machen. – Und Wolfgang Weber sieht den Blättern zu, die aus den Baumkronen fallen. Abfallen.

– Wie soll ich das beschreiben. Welche Worte. Jäh fällt mir ein. Unverhofft. WAS NUN? Ich hatte mich nie mit dem Ende beschäftigt. Auch nicht damit, wie es weitergeht. Jetzt dachte ich: Irgendwas mit Fußball. Natürlich Trainer, also Trainer. Aber irgendwie habe ich das gar nicht begriffen. Nicht mehr zur Mannschaft gehören, nicht mehr auflaufen, draußen zu sein. So endgültig, und keine Pause. Schluß, finito, Feierabend. Klar habe ich ans Geld gedacht. Später. Invalidität und so. Ich hatte alles ganz gut angelegt, war ziemlich abgesichert. Das war irgendwie zweitrangig, nicht so wichtig. Ich habe eher gedacht – wie nach der Schule, was fängst du an. – Ich wußte, irgendwas mit dem Ball. –

Im Sportartikel-Lager. Keiner erwartet ihn. Er schaut kurz – hallo, wie geht's – vorbei. PappkartonWelt,WolkenkratzerRegale,TurnschuhTürme,BallBerge,deckenhohe,schluchtentiefesGassenLabyrinth. Sportartikel-Lager-City-Alptraum-Stadt.

Verkaufsgespräche, Vertretersprache, Geschäfte machen, machen, machen. – Ein Renner, die Farbe läuft, schick, totschick, sagen Sie selbst, das wird nicht lange bei Ihnen hängen. Was macht eigentlich das Geschäft Frau, Fräulein, Herr. Stimmt, stimmt, Sie hatten ja den Fuß gebrochen. Mensch, lassen Sie mal sehen, prima geht doch wieder. Also vier Loipenanzüge, 40 Trikots, 22 Paar Schuhe, ich schreib gleich alles auf. Natürlich, der Gutschein, klar, den Gutschein bekommen Sie auch. So, das hätten wir wieder, hätten wir wieder, hätten wir wieder.

– Siebenundsiebzig hatte ich das Gefühl, etwas stirbt in mir. Ganz langsam. Erst dachte ich: Quatsch, mit 32 kann man aufhören. Besser als mit 27. Pech, einfach Pech. Da habe ich auch noch nicht gemerkt, daß die anderen auf ihre Weise besser klargekommen sind. Später habe ich mir gesagt: Wolfgang, du bist wirklich der Pechvogel. Guck dir den

Hannes Löhr an, der hat immer Glück. Nein, vergessen haben die mich nicht. Der Hannes Löhr hat sein Abschiedsspiel auch zu meinem gemacht. Aber was war? Vorher schien die Sonne, danach schien die Sonne, nur an dem Tag, an diesem einzigen Tag hat es geregnet, in Strömen geregnet. Und dann die Trainer-Geschichte. Gerade angefangen, schon zu Ende. Das kann sich keiner, wirklich keiner, richtig vorstellen, was das heißt: Karriereende unverhofft und jäh. Ich sterbe immer noch jeden Tag ein bißchen. –
Ein Traum, ein WunschTraum. Wieder Trainer sein. Eine Jugendmannschaft trainieren. Egal bei welchem Verein. Begeisterung wekken, das Feuer schüren, sich Ziele setzen, Hoffnungen haben, etwas formen, führen, wachsen sehen. Dem Leben einen Inhalt geben.
SEIN, DA SEIN, AM BALL SEIN.
Er war einer von ELF. Auf dem Mannschaftsbild von vierundsiebzig steht er neben dem Torwart. Mit Fototermin-Aufskommandolächeln, grimmiges Grinsen. Bildunterschrift: Mit Optimismus in die neue Saison – der 1. FC Köln. Stehen sie also da (von rechts nach links, nie von links nach rechts): Overath, Welz, Weber, Cullmann, Konopka, Flohe, Löhr, Neumann, Müller, Simmet, Glowacz. Läßt das Rückschlüsse über die Hackordnung zu? Über Rangfolge, Bedeutung, Fähigkeiten, Eigenschaften, Vergangenheit, Zukunft, Charaktere? Ein Gruppenbild: Elf junge Männer in kurzen Hosen, Sportler wohl. Unvoreingenommene Betrachtungsweise. Aber jetzt: voreingenommen. Eine fußballerische Figurenfiktion, deren Kopf Overath, deren Herz Weber, deren Rückgrat Cullmann, deren Füße Neumann, Konopka und Glowacz, deren Schultern Welz, deren Hände Löhr und Müller, deren Lunge Simmet und deren Neurose Flohe. Die Hirnmasse reagiert chemisch, verknüpft Vergangenheit mit Gegenwart, meldet in abgleichender Assoziationskettenreaktion: Elf Jahre her, wie die Zeit vergeht, eine mittelmäßige Mannschaft, auf neuen Bildern steht nur noch Löhr, Flohe war unberechenbar, Neumann sensibel, oh, dieser Overath, Simmet mußte nach dem Spiel eingefangen werden, Welz, wieso Welz? was macht denn eigentlich –.

Simmet, Heinz, Malermeisterbetrieb, steht so im Telefonbuch. Stand früher in der Aufstellung. Heinz Simmet Mittelfeld. Bis achtundsiebzig. Mannschaftsmittelstand, nun gehobener Handwerksstand.

25 Angestellte, eigenes Büro mit Vorzimmer, Achtung, fünf Treppenstufen in den Keller. Glastür, langer Gang, hinten Lager, Werkstatt, Töpfe, Tapeten, Farben, buntes Spektrum reger Tätigkeit. Aber das Gewerbe liegt darnieder. Mauern, Bauen, Malern. Simmet, der nicht klagen kann, klagt, klagen ist immer gut. Simmet macht in Fassaden, hockt kleinsilbergraudurchlockter Lockenschopf hinter Edelholz-Schreibtisch, der steht ihm gar nicht, der ist einfach zu groß, jetzt sinkt er ins Lederfauteuille, matt vom spärlichen Lichtstreifen am Oberlicht beleuchtet, und läßt sich sonorrauchig hören.

– Ich kenne keinen, der zwölf Jahre gespielt hat und dann auf Frührentner gemacht hat. Vielleicht die ganz Großen, die könnten es sich leisten. Ich nicht. Und wenn: Ich würde mir selbst auf den Geist gehen. Das habe ich schon früh gewußt, und so habe ich mich in meinem Beruf frühzeitig, noch zu meiner aktiven Zeit, weitergebildet, Kurse besucht, das Kaufmännische gelernt, malen konnte ich ja. Dann war Schluß, das habe ich mir genau überlegt. Die körperliche Verfassung ließ nach, ich wollte nicht, daß es mir drastisch beigebracht wird. Ich wußte, es ist an der Zeit, und fortan habe ich mich ums Geschäft gekümmert, angefangen, mir wieder was aufzubauen. –

Umsteigen, sagt sich so einfach. War nicht einfach. War doch wie in Watte gepackt bis dahin, der Mittelfeldmotorheinz. Brauchte sich nicht kümmern, nicht um nichts. Wäsche war gewaschen, Stiefel geputzt, Tasche gepackt. Wäre doch im Schlaf zum Training gegangen. Morgens um zehn Uhr, nachmittags um drei Uhr. Liebe und Lust paarten sich auf grünem Himmelbett. Es war die SCHÖNSTE ZEIT SEINES LEBENS, weil –.

– die EINFACHSTE. –

Unternehmer Heinz Simmet, nun wieder klein hinter großem Schreibtisch, klingeling, ständig stört das Telefon, klingeling hat es auch nach ein paar Tagen in seinem Kopf gemacht. Oder peng. Auf jeden Fall: Hoppla.

– Von morgens neun bis abends sieben voll auf Draht sein, das kannte ich nicht. Das alltägliche Leben, ich war ja, über Jahre hinweg, raus aus dem normalen Leben. Ich hatte keine Ahnung mehr. Das waren anfangs einsame und schwere Stunden. Alles stürzte auf mich ein, dauernd mußte ich etwas entscheiden, dauernd riefen Leute an. Ich denen immer gesagt: In fünf Minuten bin ich da, dann merkte ich, geht gar nicht, du hast in fünfzehn Minuten vier Leuten versprochen in fünf Minuten da zu sein. Die Koordination stimmte nicht, manchmal auch nicht die Kalkulation. Und dann die Kritik. Da hatte ich in meiner Fußballer-Laufbahn einiges mitbekommen, aber was war die Kritik der Medien gegen die Kritik eines Kunden. Ganz langsam habe ich mich eingewöhnt, und mein Name, also Simmet der Fußballer, hat mir manchmal geholfen, manchmal geschadet. Die haben mich reingelegt. Oft. Kamen, oh, sie sind der Simmet vom FC, schon traute ich denen ganz, geschmeichelt und peng. –

An dieser Stelle, spätestens jetzt, also sofort, das muß nun mal sein, ergreift der Psychologe das Wort. Er dreht und wendet es, reiht eine ganze Kette von Wörtern aneinander und wirft sie plakativ an die Wandtafel. Die Zeichenfolge ergibt:

– Im Normallfall finden sich Fußballprofis im Wirtschaftsleben gut zurecht. Es lassen sich gar Parallelen in der Persönlichkeitsstruktur von Managern und Hochleistungssportlern ziehen. Beiden Gruppen ist Durchsetzungsvermögen, Fleiß, Ehrgeiz und Egoismus eigen. Sie steuern konsequent, ausdauernd und zäh auf ihr Ziel zu und sind Streßsituationen gewachsen. –

Alles PALETTI!? Aber warum PALETTI?!

– Wegen Glowacz. –

– Warum wegen Glowacz? –

– Na RISTORANTE. –

Da fing alles an. Einer von ELF, dieser Jürgen Glowacz, auf dem Bild ganz rechtsaußen, ganz jung, blieb auch nicht lange, ging nach Leverkusen, ist wieder in Köln. Lernfähig, merkfähig, ausbaufähig, jetzt Unternehmer, Betreiber eines italienischen Cafés und eines italienischen Restaurants. Gediegen, alles vom Feinsten, große Teller, kleine Speisen, im Trend der Zeit – nur das Beste, das Beste – Jürgen Glowacz hat es gepackt.

Ein BerufsumAufsteiger.

Bella Italia, Kalbsschnitzel in Salbeisauce, die Harmonielehre empfiehlt Broccoli dazu, trockener Weißwein por favor. Und der war mal Fußballer? Am Ecktisch goutiert ein Ehepaar wiederkäuend die Frage.

WAR ER, IST ER NOCH, WIRD ER IMMER BLEIBEN.
– Fußball ist Droge. Wer einmal gespielt hat, gibt es nicht mehr dran. Seltsam nur: Die Leute denken, Fußballer sind doof. Das ist leider unser Image. Man würde mir wahrscheinlich eher abnehmen, wenn ich Bälle verkaufen würde. –
Es fällt auf: Sein dienstbeflissener Umgang mit den Gästen, sein Ichbinderboß-Tonfall mit den Angestellten. Wacht er nicht über alles. Flink aus den Augenwinkeln, habacht, habacht, bin schon unterwegs, Pedro, was gibt es. Kontrolle, alles unter Kontrolle, will ich nicht sein, aber bin ich: Stückchen Controletti. Alles paletti.
– Fußballer werden geleitet, geführt, denen wird gesagt, was sie zu tun haben. Wir sind zu einem gewissen Grad unmündig. Klar, wir haben deshalb kaum Probleme. Jetzt trage ich Verantwortung. Jetzt habe ich erstmals richtige Probleme. Das Geschäft ist im Aufbau, ich habe sechs Angestellte, die muß ich einstellen, mit denen muß ich reden und nicht so nach Fußballermotto: Das wird gemacht. Aber ich bin vorsichtig. Übervorsichtig. Wenn ich eines im Fußballgeschäft gelernt habe, dann das: Es gibt unheimlich viele Linkmänner. –
Macht also alles selber, der Glowacz. Steht an der Tür, empfängt seine Gäste, beherrscht diese kultivierte Körpersprache. Steht auch in der Küche, arrangiert Kalbsschnitzel mit Broccoli, drapiert mit Sauce, richtet an. Kommt als Erster, geht als Letzter, lernt nachts die Buchführung kennen, morgens den Großmarkt. Lernt neue Leute kennen, was ihn freut, kann sie endlich auch einmal fragen: Was machen Sie eigentlich.
– Mein neuer Beruf ist ein vielfältiges Thema. Ich kann mich bestätigen, mich an einer neuen Herausforderung messen. Die Angst, die ich als aktiver Spieler hatte, ist weg. Das war ja eine ängstliche Frage: Was machst du eigentlich danach? Es gab schließlich viel zu verlieren. Der gehobene Lebensstandard, das neue, sozial bessere Umfeld. Man hatte sich angepaßt. Teure Klamotten, größere Autos, Immobilien. Zurückdrehen, das war nicht mein DING. –

Anmerkungen zu Herbert Konopka. Auch einer von ELF, auf dem Bild irgendwo in der Mitte. Angestellter einer Agentur mittlerweile. Morgens um neun Uhr zum Dienst, nachmittags um sechs Uhr nach Hause. LebensMittelpunkt: die Familie. FeierabendFreude: Spieler

bei einem kleinen Verein. Große Ambitionen: Keine. Vermißt lediglich die frische Luft. Er sitzt ja immer im Büro. Aber sonst –.
– Mensch ich bin ZUFRIEDEN. –
Einwurf gestattet, Herr Psychologe, fallen Sie ruhig ins Wort, was sagt denn die Wissenschaft. Sie sagt –.
– Fußball-Profis sind Menschen, die über wenig realistische Selbsterkenntnis verfügen. Gewöhnt im Mittelpunkt zu stehen, vermissen sie plötzlich die Öffentlichkeit, Kritik und Lob in den Medien und – obwohl der Beruf zum Egoismus erzieht – die Gruppe. Sie verlieren über Nacht ihre IDENTITÄT. –
Was macht einer, der seine IDENTITÄT verloren hat? Er sucht sich eine neue IDENTITÄT. Wie fühlt er sich?
– AMPUTIERT. –

Bernd Cullmann, einer von ELF, auf allen Bildern bis vierundachtzig der Größte, dann plötzlich verschwunden, ausradiert, nicht wegretuschiert, ausgelöscht, sucht seine IDENTITÄT, dort, wo er sie verloren hat. TrainingsTreiben der FC-Profis: Cullmann steht dabei. Morgens und nachmittags, fast jeden Tag. Steht auf verlorenem Posten, gehört nicht mehr dazu. Abseits, abseits, die Trillerpfeife nun im Kopf, keiner hört den Pfiff, nur er: ABSEITS.
– Meine beiden großen Zehen sind verkürzt. Operationen halfen nichts. Ich habe monatelang versucht, Anschluß zu finden, ich meine, so einfach habe ich nicht aufgegeben. Ich habe mich gequält, aber auch Knöchel und Achillessehnen hielten das nicht mehr aus. Dann war es vorbei, und jetzt fühle ich mich, ja tatsächlich, ich fühle mich so, als hätte ich einen Unfall gehabt. Fußball, das war für mich ein TRAUMJOB. –
Hat Familie, der Bernd Cullmann. Frau und Kinder. Und ein schickes Haus. Sitzt jetzt in seinem Haus, als gehöre er zum Inventar, der Bernd Cullmann. Komisch, denkt die Frau, da sitzt er. Seltsam, denkt die Frau am Freitagabend, er ist da. War doch immer weg, all die Jahre. Im TrainingsLager. Und sie, sie hatte Zeit zu tun, wonach ihr war. Selbsteingeteilte, selbstbestimmte, eigenen Interessen gewidmete FreiZeit. Daran mußte sie sich langsam gewöhnen. Daß-er-da-sitzt. Wie AMPUTIERT.
– Der Bernd ist noch immer hundert Prozent Fußballer! –

Die Rechnung der Versicherungsgesellschaft ist einfach: Bekannter Name verkauft weniger bekanntes Produkt besser. So wird er verpflichtet. Von Versicherungsagenten als Versicherungsagent. Das ist kein TRAUMJOB. Nur ein JOB. Er hat Ehrgeiz, die anderen haben einen jahrelangen ErfahrungsVorsprung. Er hat gelernt, seine Energie sinnvoll auf einen Punkt zu konzentrieren, Egoist zu sein. Die anderen auch. Er möchte deshalb gerne selbständig sein. Mein-eigner-Herr. Er muß aber noch lernen. Und er merkt –.
– Früher drehte sich alles um uns, jetzt ist es genau umgekehrt. –
Tage ohne Fußball. Leer, fade, sinnlos, ziellos, spannungslos. Wochen ohne Höhepunkt, ohne Steigerung. PulsNormalität. Gleichbleibende LebensFrequenz. Sonntag, Montag, Dienstag, Mittwoch, Donnerstag, Freitag, Samstag. Ohne freudige Erwartung, ohne bange Gefühle, ohne adrenalingeschürte Aufregung fließt alles auseinander. Die Woche, ein träger, grauer Brei. Zäh und klebrig. RUHE ist die KRISE.
Einmischung erwünscht. Die Psychologie ist die Lehre von der Seele des Menschen. Die Psychologie weiß, wie dir zumute ist, obwohl sie dich nicht kennt. Die Psychologie mutmaßt und stößt dabei auf die Wahrheit. So wie jetzt –.
– Es gibt das Phänomen des Fußballers, der noch mit 40 Jahren spielt. Er kann seine Karriere nicht beenden, er kann sich von seinem alten Leben nicht trennen. Er hat Ablösungsschwierigkeiten, wie sie auch alte Menschen haben, die plötzlich pensioniert werden. Der Fußballer, der mit 40 Jahren noch spielt, hat Angst vor einer neuen WAHRHEIT. –

Da lebt einer aus dem Koffer. Da lebt einer ständig an ständig wechselnden Orten. Da lebt einer im Hotelzimmer, die Koffer sind ausgepackt, die Kleidungsstücke sind über den ganzen Raum verstreut, GeborgenheitsChaos, in dem sitzt er, raucht Kette, steckteineanderanderenan, trägt Sporthose, Trainingspulli, scheint ausgeflippt, so richtig verflippt, heißt Gerhard Welz, stand auch auf dem Bild (zweiter von rechts, da steht immer der Torwart), war einer von ELF, ist vierzig, jawohl vierzig, aber was heißt schon –.
– ÄLTER WERDEN. Ich bin fit, unheimlich stark, ich war noch nie so gut in Form wie gerade jetzt. –

Leben im Niemandsland. Leben zwischen dem GESTERN und dem MORGEN. Was war, war gut. Was kommt, wer weiß. Auf alles vorbereitet sein, heißt fit sein. Fit sein setzt Training voraus. Trainieren hat er gelernt in zwanzig Berufsjahren. Mit Training hat er überlebt. War gegen einen Pfosten geknallt, mit dem Kopf. Und in dem Kopf bildete sich ein Blutgerinnsel, ein Pfropfen im Hirn, wurde entfernt, und das Hirn, befreit vom Pfropfen befiehlt – heile dich schneller, als die Ärzte dich heilen können – und er geht raus, und er fängt an mit dem TRAINING, und er trainiert immer noch. Es fällt ihm einfach nichts Besseres ein.

– Ich habe im Laufe meiner Laufbahn gelernt mich zu quälen. Das ist mein Kapital, das gebe ich weiter. –

Trainiert also Boxer, der Gerhard Welz. Den Weller, den Steinherr, egal wie sie heißen. HautKnochenMuskelMaschinen. Selbst namenlose Menschen lassen sich trainieren. Und ist es nicht so: Er trainiert sich selbst. ÜberlebensReflex.

– Heute hier, morgen da. Das ist mein Leben. Mich kann man in kein Büro stecken, dazu tauge ich nicht mehr. –

Aber ins Tor, ins Tor läßt er sich stecken. Zuletzt bei einem Oberligaverein. Im Tor: Gerhard Welz. Voll FIT, unheimlich STARK, enorm in FORM.

– Älter werden, was heißt das schon? –

ABSCHIED vom TRAUMJOB. Das Glück war nur geborgt. Elf Jahre ist es her, elf Männer auf einem Bild. Noch Fragen?

Und Overath? Was macht Overath?

– Hat es gepackt. –

– Gepackt? –

– Der war ganz OBEN, der ist ganz OBEN, der wird ganz OBEN bleiben. –

Einer von ELF.

Wolfgang Overath

Renner und Roboter haben im Fußball die Künstler verdrängt

Wer mit dem 1. FC Köln so lange und so eng verbunden ist wie ich, der hat natürlich nicht nur erfreuliche Dinge erlebt. Aber ich muß betonen, daß die positiven Erfahrungen bei weitem überwiegen. Ich sage das nicht aus Höflichkeit oder verklärter Erinnerung an schöne Tage der Vergangenheit, sondern aus Überzeugung.

Der 1. FC Köln hat dem deutschen Fußball der Nachkriegszeit wesentliche Impulse gegeben. Besonders Franz Kremer, der erste Präsident, hat dem Ansehen des Geißbockklubs, aber auch der Entwicklung des Profifußballs mit Schwung und Ideen auf die Beine geholfen.

Auch für meine persönliche Entwicklung ist Franz Kremer in vieler Hinsicht ein wichtiger Mann gewesen. Vielleicht wäre ich ohne ihn gar nicht zum 1. FC Köln gekommen.

Auch andere Klubs bemühten sich hartnäckig um mich, als ich 18 wurde. Vereine wie Bayer Leverkusen, Viktoria Köln, Borussia Dortmund oder Kickers Offenbach lockten mit einem Handgeld bis zu 30000 Mark. Für einen jungen Burschen 1962 eine beachtliche Summe. Der 1. FC Köln bot dieses Extra-Salär nicht.

Doch weil ich spürte, daß der 1. FC Köln eine Mannschaft besaß, in die ein ehrgeiziger Jüngling mit Aussicht auf Erfolg hineinwachsen

kann, gab ich Kremer meine Zusage. Dem FC zuliebe gab ich sogar die Absicht auf, das Abitur zu machen.
Mein Gedanke, beim FC kannst du schnell den Sprung in die Spitze schaffen, wurde nicht enttäuscht. Franz Kremer aber hat nicht nur mein Bestreben unterstützt, als 18jähriger einen Stammplatz in der ersten Mannschaft zu bekommen, sondern mich auch gleich vor Übermut bewahrt.
Seine Autorität wurde respektiert und gefürchtet. So steckte ich – in meinen jugendlichen Jahren ein nur schwer zu zügelnder Temperamentsbolzen – widerspruchlos den Rüffel ein, den ich von ihm erhielt, weil ich die Frechheit besessen hatte, meinen ersten Wagen, einen Karman Ghia, auf seinem persönlichen Parkplatz am Geißbockheim abzustellen.
»Der Boß« – wie Kremer genannt wurde – kümmerte sich um jedes Detail, sogar um Äußerlichkeiten. Unter ihm trugen wir Seidentrikots und maßgeschneiderte Klubanzüge mit aufgestickten Klub-Emblemen. Er legte auch größten Wert auf die optische Präsentation des Klubs.
Ich erinnere mich noch an ein Spiel in München im Herbst 1967. Im Fernsehen war eine Farbübertragung angesagt, ein besonderes Ereignis zu dieser Zeit. Und weil jeder das Originaltrikot in Rot tragen wollte, gerieten sich der »Boß« und Tschik Cajkovski, damals Trainer des FC Bayern, in die Haare. Franz Kremer ließ sich auch von den Beteuerungen des Jugoslawen, er habe keine anderen Trikots vorrätig, nicht beirren und beharrte auf seinem Recht, als Gastverein den Vortritt zu haben. Der Schiedsrichter und das Fernsehen akzeptierten schließlich, daß beide Klubs in Rot spielen. Zur Unterscheidung mußte eine Mannschaft lediglich weiße Stutzen tragen.
Daß wir bei den Besitzern eines Buntfernsehers einen farbigen Eindruck erzielten, lag freilich nicht nur an den leuchtenden Trikots. Auch unser Spiel hatte viel Glanz. Wir schlugen die Mannschaft Franz Beckenbauers, Gerd Müllers und Sepp Maiers, die einige Monate zuvor Europapokalsieger der Pokalsieger geworden war, mit 3:0.
Das war nicht unbedingt eine Sensation, denn in den ersten Jahren der Bundesliga und auch schon lange davor spielten wir eine dominierende Rolle im deutschen Fußball.
Wenn die Presse damals schrieb, daß der 1. FC Köln seiner Zeit weit

Oben: Im Duell mit seinem großen Rivalen Günter Netzer

Mitte: Im Zweikampf mit Bomber Gerd Müller

Rechts: In typischer Pose: Wolfgang Overath

voraus sei, dann war das keine Phrase, sondern Resultat langfristiger Arbeit von Franz Kremer.
Niemand überraschte es, daß wir gleich im ersten Bundesligajahr den Titel holten. Und für mich war es eine ganz besondere Freude, daß ich vom ersten Tag an dabeisein durfte und sich auch die Tür zur Nationalmannschaft sehr schnell öffnete. Natürlich war es für mich ein Vorteil, daß Kremer einen großen Einfluß und guten Kontakt zum Fußballbund und zu Sepp Herberger hatte.
Als Franz Kremer im Spätherbst 1967 starb – er war schwer zuckerkrank –, dachte ich, die große Ära des 1. FC Köln könne zu Ende gehen. Ein Mann von seinem Format, seinem Engagement, seinem Weit- und Durchblick werde kaum zu finden sein, fürchtete ich.
Zunächst verdrängte ein Erfolg diese Frage. Wir wurden am Ende der Saison 67/68 deutscher Pokalsieger, durch einen 4:1-Sieg über den Zweitligaklub VfL Bochum. Doch schon im folgenden Jahr geriet der 1. FC Köln an den Rand des Abgrunds, was natürlich nicht die Schuld des neuen Präsidenten Oskar Maaß, sondern die Folge von schwerwiegenden Verletzungen einiger Stammspieler war. Wir kämpften bis zum Schlußtag gegen den Abstieg, und zum ersten Male sah es so aus, als müsse ich das geliebte Trikot mit dem springenden Geißbock ausziehen.
In Köln standen sich der FC und der 1. FC Nürnberg gegenüber. Der Verlierer mußte absteigen. Länger als eine Halbzeit sah es so aus, als müßten wir in den sauren Apfel beißen, doch als ich nach einem bestandenen Zweikampf mit dem Nürnberger Heinz Müller schneller auf den Beinen war und mein Schuß ins Tor ging, waren die größten Ängste ausgestanden. Zum Schluß hatten wir 3:0 gewonnen und dem Schicksal noch einmal eine Nase gedreht.
Ich war heilfroh, daß der Abstieg vermieden werden konnte. Denn trotz aller Liebe zum 1. FC hätte ich aus sportlicher Vernunft nicht bleiben können. So hatte ich mit einigen Vereinen schon Vorgespräche geführt. Vor allem Bayern München und Alemannia Aachen war sehr interessiert. Ich mußte einfach in der obersten Klasse spielen, denn schließlich hatte ich nach meiner passablen Weltmeisterschaft 1966 – bei der ich bis zum denkwürdigen Endspiel 2:4 gegen England im Wembley-Stadion – alle Spiele bestritt, einen Stammplatz in der Nationalelf.

Auch meine Frau Karin war glücklich. Sie ist sehr heimatverbunden, und sie wäre nur sehr ungern aus dem Siegburg-Troisdorfer-Raum weggezogen. Da auch ich mich sehr wohl fühlte beim 1. FC, konnte später selbst die Millionen-Offerte aus Spanien – Real Madrid bot damals 1 Million Ablöse – mich nicht bewegen, die Heimat zu verlassen.

Nach der Weltmeisterschaft 1970, bei der ich sehr gute Kritiken bekam und die deutsche Elf ja einen achtbaren dritten Platz erreichte, hätte ich schon das große Geld machen können. Auch italienische Klubs zeigten sich sehr interessiert. Ich aber blieb in Köln. Ich verdiente auch in der Bundesliga so viel, um gut leben zu können. Bereut habe ich es nie, daß ich den Schritt ins Ausland nicht getan habe.

Nach meinem größten Erfolg als Fußballspieler, dem Gewinn der WM 1974, habe ich dann zusammen mit dem neuen Präsidenten Peter Weiand eine gute Beziehung zum Hause Adidas aufgebaut, dessen Repräsentant ich nach Beendigung meiner Karriere 1977 wurde.

Schon deshalb wollte es mir nicht in den Kopf, daß der 1. FC Köln 1985 sozusagen Knall auf Fall den Ausrüster wechselte und auf die Konkurrenzmarke umstieg. Ich war erschüttert und mußte feststellen, daß ich bei aller Cleverneß ein bißchen weltfremd war: Ich hatte immer geglaubt, daß Freundschaft einen höheren Stellenwert habe als ein paar tausend Mark.

Um viel mehr ging es nämlich nicht. Hätte der 1. FC Köln, wie jeder Klub in den achtziger Jahren durch schwindende Zuschauerzahlen zu finanzieller Aufmerksamkeit gezwungen, einen großen Coup landen können, wäre die Trennung noch zu verstehen gewesen. So aber gehört sie zu den bittersten Erfahrungen im Fußballeben.

Weit weniger unter die Haut ging mir – das meine ich ganz ehrlich – der Krach mit Hennes Weisweiler und das damit verbundene vorzeitige Ende meiner Fußball-Karriere. Weil wir uns nicht vertrugen und ich andere Vorstellungen von meiner Rolle in der Mannschaft hatte als der Trainer, hielt ich es für besser, 1977 aufzuhören.

Natürlich verließ ich nach dem Abschiedsspiel mit der Weltmeisterelf von 1974 im Mai vor 60000 in Müngersdorf das Stadion mit einer Träne im Knopfloch, doch aus heutiger Sicht bin ich dem Hennes sogar dankbar, daß er meinen Abschied forciert hat. Vielleicht hätte ich, wie viele andere, den richtigen Zeitpunkt des Aufhörens verpaßt und so lange weitergespielt, bis man mich vom Platz gepfiffen hätte. Es ist nämlich auch für einen Profi nicht leicht, das Feld zu räumen, wenn einem das Spiel noch Spaß macht. Ich hätte woanders auch weitermachen können. Die Chicago Stings, 1977 noch ein potenter Verein der US-Soccer-Liga, lief mir geradezu die Türe ein. Doch längst war ich, familiär wie geschäftlich, auf meine Heimat fixiert.

Riesenspaß machen mir vor allem die Spiele mit den Prominenten-Mannschaften. Da kann man noch zaubern, da wird die Taktik nicht so in den Vordergrund gestellt. Aber obwohl die Freude natürlich im Vordergrund steht, ist der Ehrgeiz von einst bei mir geblieben. Mein Lebensmotto: Alles, was ich mache, soll auch gut sein.

Der Fußball gehört auch weiterhin zu meinem Leben. Wenn es irgendwie geht, besuche ich natürlich auch die Heimspiele in Müngersdorf. Mit großer Sorge allerdings verfolge ich die Entwicklung des Profifußballs, der eine schwere Zeit durchmacht und von Existenzängsten geschüttelt wird.

Dabei hängen Niveauverlust und Zuschauerschwund unmittelbar zusammen. Nur wenn das alle Funktionäre und Vereinstrainer begreifen, läßt sich der Trend stoppen, den ich seit der Weltmeisterschaft 1974 beobachte: Die zu starke Betonung des athletischen Fußballs.

Renner und Roboter haben die Künstler verdrängt, Opfer einer solchen Entwicklung wurde zum Beispiel ein Ausnahmetalent wie Hansi Müller, der, von Trainern gezwungen, Deckungsaufgaben im Mittelfeld zu übernehmen, die Fähigkeit einbüßte, sein kreatives Spiel durchzusetzen.

Athleten und Renner zu produzieren, darf nicht länger oberstes Gebot der Klubs sein. Zu meiner Zeit hatten wir vielleicht vier große Kämpfer und sieben gute Techniker, heute ist es umgekehrt. Die Mischung stimmt nicht mehr.

Daß die Leute nicht mehr so häufig zum Fußball gehen wie in den sechziger und siebziger Jahren, kann nicht allein mit verändertem Freizeitverhalten, höheren Preisen, gestiegener Arbeitslosigkeit oder Einkommensverlusten erklärt werden. Hier spielt die gesunkene Qualität des Fußballs eine Rolle, was in ganz Europa feststellbar ist.

Wie das Rad der Entwicklung in eine andere Richtung gedreht werden kann, darüber mag es verschiedene Ansichten geben. Ich plädiere für Anreize, die dem Angriffsfußball wieder Leben einblasen.

Einer meiner Vorschläge: Gebt den Mannschaften, die mit mehr als drei Toren Unterschied gewinnen, nicht zwei, sondern drei Punkte.
Bei Jugendlichen und Schülern muß die Ballarbeit wieder in den Vordergrund rücken. Denn Talente gibt es auch heute noch. Sie sind nicht an Zeit und Ort gebunden, sondern müssen nur erkannt und entsprechend gefördert werden. Das wurde in den letzten Jahren versäumt.
Und damit auch Skandale und Fehlentscheidungen zurückgehen, halte ich die Einführung des Profi-Schiedsrichters für erforderlich. Ehemalige Fußballprofis wären dafür geeignet und gewiß auch interessiert, wenn sie entsprechend honoriert werden.
Sie kennen die Praxis und lassen sich auch in einem Hexenkessel nicht so leicht verrückt machen, weil sie als ehemalige Spieler volle und laute Stadien gewöhnt sind. Profi-Schiedsrichter, das meine ich jedenfalls, sind auch ein Schritt zum besseren Fußball und könnten dabei helfen, Emotionen auf dem Spielfeld und auf den Rängen abzubauen.

Fußballfeste

Mit sieben Helden denkwürdiger Spiele unterhielt sich Siegfried Drach und schrieb ihre Erinnerungen auf.

Traumelf

Fritz Pott über das Finale 1962 in Berlin (4:0 gegen Nürnberg)

Für mich war der 4:0-Sieg vor der imponierenden Kulisse von 92000 Zuschauern im Berliner Olympia-Stadion die Geburtsstunde des modernen Fußballs. Unser Trainer Tschik Cajkovski, der damals seiner Zeit schon weit voraus war, hatte uns zu einer selbstbewußten Truppe gemacht, in der die Spieler alles können mußten, verteidigen und angreifen.
Symptomatisch für den neuen Stil war mein Tor zum 4:0 in der 70. Minute. Schließlich war ich Verteidiger, und die gehörten damals höchst selten zu den Torschützen. Ich glaube, wenn es damals schon das »Tor des Monats« gegeben hätte, wäre ich mit meinem Treffer in die engere Wahl gekommen.
Ich erinnere mich noch genau: Unser Torwart Fritz Ewert hatte mir am eigenen Strafraum den Ball zugeworfen. Bis zur Mittellinie war die Bahn relativ frei, und als sich dann die Nürnberger Spieler alle zu ihren Kölner Gegnern orientierten, sah ich auf einmal die Lücke. Schnurstracks zog ich aufs Tor und stand plötzlich direkt vor Torwart Wabra. Der flog mir mit gestrecktem Bein entgegen, doch ehe er mich voll am Schienbein traf, hatte ich den Ball schon an ihm vorbei ins Netz geschoben.
Damals haben wir für diesen Sieg eine Prämie von 1000 DM bekommen, aber das war uns nicht so wichtig. Den Jubel in Köln – die Leute standen Spalier vom Flughafen bis an den Neumarkt – werde ich nie vergessen. Das war die absolute Krönung. Angeführt von unserem Kapitän Hans Schäfer, der in Berlin das erste Tor schoß (Günter Habig machte das 2:0 und 3:0) feierten wir rund um die Uhr und be-

wiesen, daß wir nicht nur auf dem grünen Rasen ein unheimliches Stehvermögen besaßen.
Meiner Meinung nach hat der 1. FC Köln niemals eine besser abgestimmte und spielende Mannschaft gehabt als unser Endspielteam von 1962.

Glanzlichter

Heinz Hornig über die erste Bundesliga-Saison 1963/64 (FC Meister)

Es war die große Zeit des 1. FC Köln. In den beiden letzten Jahren vor Einführung der Bundesliga stand er jeweils im Finale. Aber gerade weil die Kölner nach dem alten Modus das Geschehen in Deutschland sicher beherrscht hatten, gab es eine Unsicherheit vor der Bundesliga. Jetzt mußte jeden Samstag Klasse bewiesen werden. Leichte Gegner, wie in der Oberliga, gab es nicht mehr. Dennoch: Die Saison 63/64 stand ganz in unserem Zeichen. Die Konkurrenz befürchtete schon, daß wir uns nun auf Jahre hinaus an der Spitze festsetzen würden.
In unseren Spielen profitierte ich als Linksaußen von so exzellenten Mittelfeldspielern wie Schäfer und Overath. Aber vor allem Hans Schäfer hat mir manchmal ganz schön die Meinung gegeigt, wenn ich zu viel gedribbelt hatte, anstatt den Ball einfach abzuspielen.
Aber insgesamt war man mit uns zufrieden. Vor allem die Heimspiele wurden für mich zu Glanzlichtern in meiner Karriere. Wegen meiner geringen Körpergröße und meinen Dribblings hatten mich die Zuschauer schnell ins Herz geschlossen. Ich wurde so etwas wie ein Publikumsliebling.
Überhaupt war damals der Kontakt zu den Fans herzlicher als heute. Nach jedem Spiel mischten sich die Spieler unter die Anhänger, die im Geißbock-Restaurant feierten. Meistens wurde es eine lange Nacht.
In den Auswärtsspielen hatte ich größere Schwierigkeiten mit meinen Solo-Einlagen. Denn dort gingen die Verteidiger ganz anders zur Sache. Besonders unangenehm waren da Otto Rehhagel, Uwe Klimaschefski und Seppl Piontek. Heute sind sie hochangesehene Trainer, aber damals standen sie in der Klopper-Hitliste ganz weit oben.

Tränen

Wolfgang Weber über das große Pech im dritten Europacup-Spiel 1965 gegen Liverpool (2:2 – Losentscheid)

Der 24. März 1965 ist der Tag, den ich in meiner langen Karriere beim 1. FC Köln mit Sicherheit niemals vergessen werde. Das Schicksal hatte es nicht gut gemeint. Weder mit dem Klub, noch mit mir.

Vielen FC-Fans, die uns nach Rotterdam begleitet hatten – es waren rund 15000 – und auch uns Spielern standen die Tränen der Enttäuschung in den Augen, als nach 120 dramatischen Minuten und dem 2:2 im dritten Spiel gegen den FC Liverpool das Los gegen uns entschied.

Ich selbst weiß heute nicht mehr, ob ich vor Wut oder vor Schmerzen geheult habe, denn rund 90 Minuten lang mußte ich mit einem gebrochenen Wadenbein durchhalten. Nach einer halben Stunde Spielzeit prallte ich mit Liverpools Außenläufer Milne zusammen und verspürte danach fürchterliche Schmerzen im rechten Bein. Bis zur Pause wurde ich behandelt. Dann machte ich in der Kabine den Härtetest, sprang von einem Stuhl mit dem rechten Fuß auf den Boden. Das Bein hielt. Ich spielte schließlich weiter, denn damals durfte man noch nicht auswechseln.

Als Linksaußen versuchte ich meiner Mannschaft zu helfen, so gut es eben ging. Ich erinnere mich, daß mir mit meinem gebrochenen Bein fast sogar noch das Siegtor gelungen wäre. Aber mein Schuß strich knapp über das Liverpooler Tor. Ich hatte ständig das Gefühl, als wenn jemand mir mit einem Messer in die Wade sticht. Das Röntgenbild am nächsten Tag bestätigte, daß ich eigentlich nie und nimmer hätte weiterspielen dürfen. Die Folgen: Es dauerte über zwei Monate, bis ich wieder einsatzfähig war.

Unsere Mannschaft brauchte lange, bis sie die schwarze Nacht von Rotterdam verarbeitet hatte. Das Lospech, meine schwere Verletzung und vor allem die ungerechte Behandlung durch den belgischen Schiedsrichter Schaut – er erkannte ein einwandfreies Tor von Hornig nicht an – hatte die Moral angeknackst. Ein Trost blieb: Mit dem tollen Kampf hatten wir in ganz Deutschland viele neue Freunde gewonnen.

Supertor

Karl-Heinz Rühl über den Pokalsieg 1968 in Ludwigshafen (4:1 gegen Bochum)

Fünf Tage lang bereiteten wir uns im Trainingslager an der Weinstraße auf das Pokalfinale am 9. Juni 1968 gegen den VfL Bochum vor. Der Gegner kam aus der zweiten Liga und war krasser Außenseiter. Aber gerade deshalb hatten wir, die hohen Favoriten, auch ein ungutes Gefühl vor diesem Spiel in Ludwigshafen. Wir wußten genau: Wenn's schiefgeht, dann werden wir überall ausgelacht. So machte sich auch in der Vorbereitung schon unheimliche Nervosität breit. Die legten wir auch in der ersten halben Stunde des Spiels nicht ab.

Bochum ging sogar durch Böttcher in Führung, und die 60000 Zuschauer witterten eine Sensation. Ein Glück nur, daß Heinz Hornig und mir noch vor der Pause zwei Treffer gelangen, sonst wäre es vielleicht wirklich zu einer Blamage gekommen.

An mein Tor zum 3:1 direkt nach dem Wechsel erinnere ich mich deshalb so genau, weil es eins der schönsten Tore meiner Laufbahn war. Von der Mittellinie aus habe ich eine ganze Reihe Bochumer samt Torwart überspielt und den Ball dann noch aus einem unmöglichen Winkel über die Linie bugsiert. Danach war die Partie gelaufen. Hannes Löhr erzielte noch das 4:1.

Doch so genau wie an unser Spiel und den ersten Pokalsieg in der Geschichte des FC erinnere ich mich an das, was anschließend passierte. Als wir Montag abends zurück nach Köln zum Geißbockheim kamen, empfing uns kein Mensch. Das Gebäude stockdunkel, ein Schock für uns alle. Der Grund: Der damalige Vorstand hatte die offizielle Feier auf den folgenden Dienstag ins Stadion verlegt, wo ein unwichtiges Alpencup-Spiel stattfand. Die Fans kamen längst nicht so zahlreich wie erwartet, um uns zu feiern. Schließlich hatten sie mit Freibier am Geißbockheim gerechnet. Jetzt aber sollten sie noch einmal Eintrittsgeld zahlen. Als sich dann bei diesem Spiel unser Torwart Milutin Soskic auch noch das Bein brach, war die Stimmung vollends dahin.

Co-Produktion

Dieter Müller über den Pokalsieg 1977 in Hannover (1:1, 1:0 gegen Hertha)

Als der große Favorit gingen wir am 26. Mai 1977 in das Pokalfinale gegen Hertha in Hannover. Alles schien optimal vorbereitet, aber dann lief es im Niedersachsenstadion doch nicht wie erhofft. Mir gelang zwar nach einer Flanke von Harald Konopka per Kopf das 1:0, aber es reichte nicht. Die Berliner erzwangen durch ein Tor von Lorenz Horr die Verlängerung, die keine Veränderung mehr brachte.

Wiederholung! Noch zwei Tage im Trainingslager! Unsere Nerven waren zum Zerreißen gespannt. Denn inzwischen hatte sich der schon lange schwelende Streit zwischen Trainer Weisweiler und Kapitän Overath zum alles beherrschenden Thema entwickelt.

Overath, der im ersten Spiel wirklich keine berauschende Leistung geboten hatte, sollte bei der Wiederholung auf die Bank, aber das lehnte er ab. Vielleicht war Weisweilers Art, wie er den Kapitän ausbootete, nicht richtig. Aber auch Overath verhielt sich damals nicht gerade kameradschaftlich, denn er blieb der Siegesfeier fern.

Daß wir im zweiten Spiel die Berliner endlich in die Knie gezwungen haben, war wieder eine Gemeinschaftsproduktion von Konopka und mir. Trotz der Bewachung durch den langen Uwe Kliemann kam ich erneut zuerst mit dem Kopf an eine Flanke unseres Verteidigers und erzielte das goldene Tor. Unser neuer Kapitän Hannes Löhr konnte nach 210 Minuten endlich den Pokal in Empfang nehmen.

Ich erinnere mich gerne an meine Jahre beim 1. FC Köln. Nicht wegen der Erfolge, sondern auch wegen der Kameradschaft. Mit Heinz Flohe und Herbert Neumann verstand ich mich auch außerhalb des Spielfelds sehr gut. In dieser Zeit bin ich ein echter Kölner geworden, zumal ich hier auch meine Frau kennengelernt habe.

Kopfball

Bernd Cullmann über das Pokalfinale 1978 (2:0 gegen Düsseldorf)

Sechsmal war ich mit dem 1. FC Köln in einem Pokalfinale. Aber nur zweimal (77 und 78) hatten wir nach dem Schlußpfiff den »Pott« wirklich in den Händen. Für mich persönlich war das Finale am 15. April 1978 im Gelsenkirchener Parkstadion das Schönste. Schließlich hat mein Kopfballtor zum 1:0 in der 70. Minute dafür gesorgt, daß wir Fortuna Düsseldorf den Pokal regelrecht geklaut haben. Denn eine Stunde lang war die Mannschaft um Klaus Allofs uns klar überlegen. Aber was Toni Schumacher nicht hielt, das ging glücklicherweise knapp vorbei oder drüber. Ich selbst hatte die schwere Aufgabe, unseren heutigen FC-Kapitän Klaus Allofs zu bewachen. Der hat mich in diesem Spiel ganz schön verladen, und Trainer Weisweiler war ziemlich wütend auf mich. Erst mit meinem Tor habe ich ihn wieder versöhnt.
Noch heute erinnere ich mich genau daran, wie der von Harald Konopka getretene Freistoß ungefähr an der Strafraumlinie auf mich zusegelte. Jetzt oder nie habe ich mir gedacht und aus ungefähr 15 Metern einen Flugkopfball riskiert, gegen den Jörg Daniel im Fortuna-Tor keine Chance besaß. Danach resignierten die Düsseldorfer, und wir kamen durch Roger van Gool sogar noch zum 2:0.
Die Siegesfeier nach diesem Pokalsieg war die kürzeste, die ich je erlebt habe. Der Grund: Wir wollten ja auch noch Meister werden. In der Bundesliga führten wir zu diesem Zeitpunkt mit zwei Punkten Vorsprung. So genehmigte sich selbst Hennes Weisweiler nur ein paar Gläschen Champagner.

Meisterstück

Heinz Flohe über die Saison 1978

Alle Spieler, die dieses große Jahr beim 1. FC Köln miterlebt haben, werden es wohl nie vergessen. Wir waren eine Mannschaft, ein verschworener Haufen. Es gab keinen Star. Es war das erste Jahr nach der

Ära von Wolfgang Overath, der vorher alles bestimmt hatte. Danach kam der Erfolg, weil jeder Spieler plötzlich ein anderes Selbstwertgefühl hatte.
Daß alles so reibungslos ablief, lag in erster Linie an Hennes Weisweiler. Er verlangte viel, brachte den Spielern aber auch eine Menge Vertrauen entgegen. Das beste Beispiel war Yasuhiko Okudera. Hennes, der den Japaner selbst geholt hatte, unterstützte und verteidigte ihn auch nach schwächeren Spielen. Das zahlte sich aus. Okudera schoß eine Reihe wichtiger Tore.
Unvergeßlich bleibt für mich die tolle Stimmung bei der Meisterfeier im Hamburger Crest-Hotel. Wir waren alle unheimlich ausgelassen, weil wir den Meistertitel so knapp vor Verfolger Borussia Mönchengladbach ins Ziel gerettet hatten. Wir pafften dicke Zigarren und tranken Champagner.
12:0 hatte Gladbach damals in Düsseldorf gegen Dortmund gewonnen und uns im Torverhältnis beinahe noch überflügelt, obwohl wir vor dem letzten Spiel um zehn Tore besser dastanden. Viele haben damals gesagt, daß es beim Gladbacher Sieg nicht mit rechten Dingen zuging, aber das glaube ich nicht, wenn sich auch die Dortmunder kaum gegen die Torflut gewehrt haben.
Für uns war es jedenfalls wichtig, das letzte Spiel gegen St. Pauli im Hamburger Volksparkstadion auszutragen, denn auf dem engen Platz am Millerntor hätten wir vielleicht nicht 5:0 gewonnen.
Für mich ging damit die schönste Saison meiner Karriere zu Ende. Pokalsieger, Meister und eine herrliche Mannschaft, die vom besten Trainer betreut wurde, den ich je kennengelernt habe.

Oben: Der 1. FC Köln nach dem Gewinn der Meisterschaft 1962 in Berlin, in der Mitte Fritz Pott.

Mitte: Der 1. FC Köln nach dem Pokalsieg 1968 in Ludwigshafen (oben, v. l. n. r. Hornig, Trainer Schäfer, Thielen, Weber, Löhr, Overath, Hemmersbach, Flohe. Unten v. l. n. r.: Simmet, Soskic, Pott, Rühl.

Unten: Jubel am Rathaus nach dem Titelgewinn 1978. V. l.: Weiand, Weisweiler, Flohe.

Pierre Littbarski

Auf einmal war ich trotz der Pfiffe stolz auf den Pokalsieg

Gewonnen und doch verloren! Als Pokalsieger im eigenen Stadion ausgepfiffen. Negative Erinnerungen sind es, wenn ich an meinen einzigen Titelgewinn in sieben Jahren beim 1. FC Köln zurückdenke. Nur 1:0 hatte der große FC an diesem 11. Juni 1983 den kleinen Lokalrivalen Fortuna aus der zweiten Liga besiegt. Nicht 5:0 oder 6:0, wie es alle von uns verlangt und gefordert hatten.

Daß keiner mit uns feiern wollte, daß sich keiner mit uns freute, das erzeugte in mir plötzlich eine Trotzreaktion. Auf einmal war ich stolz auf diesen Pokalsieg, auf unsere Mannschaft, die den Sieg trotz der Pfiffe, trotz der Nervenbelastung nach Hause geschaukelt hatte. Schon Tage vor dem Spiel spürten wir alle den Erfolgsdruck, die Angst vor der Blamage, vor dem Spott. Diese Belastung hemmte unsere Aktionen auf dem Rasen, ließ uns immer mehr verkrampfen, schließlich sogar um den Sieg zittern. Wir wußten: Wenn der Fortuna ein Tor gelingt, dann ist es aus. Dann wären wir nicht angekommen gegen den größten Teil der 60 000 Zuschauer, die regelrecht auf die Sensation lauerten.

Viele konnten sich auch nach dem Schlußpfiff noch nicht mit unserem Erfolg abfinden. Die Pfiffe taten genauso weh wie die Berichte in den Zeitungen, die von Fortuna als »moralischem Sieger« sprachen. So ein

Unsinn. Im Profi-Fußball konzentriert sich doch am Ende alles wieder auf die brutale Feststellung: Wer mehr Tore schießt, der hat auch gewonnen.

Für uns war es mehr als unangenehm, gegen einen Zweitligisten zu spielen, der die Chance seines Lebens witterte. Wir konnten eigentlich nur verlieren, aber wir haben doch gewonnen, und ich bin heute noch glücklich darüber, daß ich das Siegtor geschossen habe.

Die Szene sehe ich vor mir wie auf einem Video-Film. Fortuna-Torwart Helmschrot und Abwehrspieler Finkler behinderten sich bei einem Flankenball von Allofs. Der Ball fiel genau auf meinen linken Fuß, und es war mir ein Vergnügen, das Ding volley ins Netz zu knallen.

Die abendliche Siegesfeier im Geißbockheim war dann aber alles andere als ein Vergnügen. Eine Vielzahl der geladenen Gäste gab uns einen Korb, kam nicht zur Siegesfeier, und die Fans protestierten auf dem Parkplatz gegen ihre Aussperrung. Wir Spieler sind dann ein paarmal mit dem Pokal zu ihnen runtergegangen, das hat sie dann einigermaßen beruhigt.

Mir persönlich konnte das ganze Theater jedoch die Freude an meinem ersten Titelgewinn nicht trüben. Fünf Jahre lang hatte ich schließlich auf dieses Erfolgserlebnis gewartet. Viel länger als geplant, denn als ich 1978 aus Berlin an den Rhein kam, hatte der FC gerade das Double gewonnen und schien für die nächsten Jahre den Erfolg gepachtet zu haben.

Daß es nicht so kam, war für mich als 18jährigen Fußball-Lehrling eigentlich nur gut. Weil es nicht so lief wie vorgesehen, bekam ich von Hennes Weisweiler schnell eine Chance und habe sie auch genutzt. Das war pures Glück. Nie besaß ich Zeit und Grund zu grübeln, ob Fußballer der richtige Beruf für mich ist. Viele meiner jungen Kollegen von heute müssen eine Menge mehr an Geduld aufbringen, bis ihnen der Durchbruch gelingt.

Zwei Dinge waren wohl ausschlaggebend dafür, daß ich so schnell begriffen habe, worum es in unserem Job geht. Zunächst einmal die harte Schule beim 1. FC Köln. Wir Jungs haben damals von den Stars und auch vom Trainer ganz schön Druck bekommen, und das war gut so. Wer mit 18 schon der König ist, weiß doch überhaupt nicht, wo im Fußball unten ist und schafft den Sprung wahrscheinlich nie. Daß Lehrjahre keine Herrenjahre sind, wurde uns jeden Tag drastisch vor

Augen geführt. Mein »persönlicher Freund« war Harald Konopka, ein hundertprozentiger Profi, der uns junge Spieler immer wieder angeschnauzt hat. Wer nicht freiwillig den schweren Mannschaftskoffer schleppte oder sich nicht ohne Murren beim Spiel 5 gegen 2 in die Mitte stellte, der bekam gewaltigen Ärger mit ihm.

Mir hat's bestimmt geholfen, daß ich als typischer Berliner freundlich und offen mit jedem rede. Immer habe ich jeden Flachs mitgemacht. Doch obwohl ich jetzt schon fast acht Jahre in Köln bin, dem Karneval kann ich immer noch nichts abgewinnen. Daran merkt man wohl, daß ich kein Rheinländer bin und auch wohl nie einer werde. Mein Tip für andere Spieler, die zum 1. FC Köln kommen: versucht euch anzupassen, seid fröhlich und freundlich. Wenn ihr dann noch die geforderte Leistung bringt, steht einer großen Karriere nichts mehr im Wege. Das Gerücht, ein Fremder könne in Köln nicht Fuß fassen, ist doch ein Märchen aus uralten Zeiten.

Sich auf den jeweiligen Trainer einzustellen, das ist wieder ein anderes Problem. Für mich war es wichtig, beim oft grantigen und harten Hennes Weisweiler schnell zu begreifen, daß es ihm nur darum ging, perfekten Fußball zu produzieren. Es war ein schweres Arbeiten, denn der gute Hennes setzte hohe Maßstäbe an. Für jeden einzelnen Spieler hatte er spezielle Trainingsmethoden ausgearbeitet. So mußte ich beispielsweise eine Woche lang nur Torschüsse trainieren, während die anderen ihre Runden drehten.

Weisweiler gab nicht eher Ruhe, bis Eckball- oder Freistoßvarianten traumwandlerisch sicher beherrscht wurden. Oft hat er auch die Spieler hart und laut angefahren, aber wenn das Donnerwetter vorbei war, dann ging auch wieder die Sonne auf. Nach Niederlagen bekamen besonders die Stars ihr Fett weg. Tagelang sprach Hennes dann beim Training kein Wort mit den Spielern, die er für die Schuldigen hielt.

Weisweilers Nachfolger Karl-Heinz Heddergott war einfach zu nett für das Profi-Geschäft. Und er wollte zu viel aus der Theorie in die Praxis umsetzen. Vor jedem Training fand eine halbstündige Besprechung statt, und wenn man endlich auf den Platz kam, hat einem schon der Kopf gebrummt von all den Anweisungen, die man von Heddergott bekommen hatte.

Ein ganz anderer Typ war wieder Rinus Michels. Nicht umsonst wurde er als der holländische General bezeichnet. Bei dem hat man

ein dickes Fell gebraucht. Seine dauernde Kritik hat auch mich ganz schön geschafft. Als wir Spieler gegen ihn rebellierten, war das Verhältnis zwischen Trainer und Spielern längst zerrüttet.
Sein Nachfolger Hannes Löhr konnte den Spielern am meisten geben, weil er sich auch mit dem Menschen beschäftigte. Seine größten Fähigkeiten lagen im psychologischen Bereich. Auch mich hat er immer wieder aufgebaut, mir neues Selbstvertrauen eingeflößt. Zusammenfassend muß ich sagen, daß ich auch bei meinen Trainern viel Glück hatte, denn bei jedem habe ich etwas gelernt, was für mich wichtig war.
Positiv beeinflußt wurde meine Karriere auch von der Tatsache, daß ich so gut wie nie verletzt war. Auch dafür gibt es Gründe, die ich meinen Kollegen gerne als guten Ratschlag mit auf den Weg gebe: Zunächst einmal ist die richtige Nachbehandlung von kleineren Blessuren ungeheuer wichtig. Einen Termin beim Arzt oder beim Masseur sollte man nie ausfallen lassen. Bei mir kommt hinzu, daß ich weder rauche noch Alkohol trinke, das erhöht die Leistungsfähigkeit. Last not least gehört zu einem erfolgreichen Sportler auch ein geregeltes und – wie bei mir der Fall – glückliches Privatleben.

Pierre Littbarski mit dem Pokal 1983

»Imätsch«

Am Beispiel des »kölsch-kölschen« Pokalfinales von 1983 erklärt Frank Quednau das gespaltene Verhältnis der Fußball-Fans zum 1. FC Köln

So und nicht anders ist das heutzutage. Alles und jeder muß ein Image haben, ein Bild in der Öffentlichkeit, von der niemand so recht weiß, wer sie eigentlich ist und wodurch sie in der Lage ist, sich ein Charakterbild zu entwerfen von allem und jedem.

Aber ein Image ist eben wichtig. In Köln wird dieses englische Wort etwa so ausgesprochen wie es Franz Kremer mit einem anderen tat, als er vor sich sein Werk sah, die Verschmelzung von Sülz 07 und dem Kölner Ballspielclub von 1901 zum Ersten Fußball-Club Köln. Also sagte »Boß« Kremer, und er mag an der unvermeidlichen, image-fördernden Zigarre gezogen haben: »Jetzt machen wir auf Mänetschment.«

Köln, die Stadt, hat ihr »Imätsch« weg, ein für allemal. Stadt am Rhein, hochauf reckt sich der gewaltige Dom, hier wird Karneval gefeiert, Duftwasser produziert, das immer dabei ist. Und Kölsch, als obergäriges Bier und Mundart gleichermaßen genossen. Wenn es um die Mundart geht, so wird Kölsch von den »Bläck Fööss« heiter-melancholisch verbreitet, von »BAP« weit angriffslustiger. Beide Gesangsgruppen sind in der Südstadt zu Hause. Wie auch der SC Fortuna Köln, »dem Schäng Löring singe Klubb«. Der hat auch sein Image.

Der Löring ist so deftig kölsch, wie es die Kölschen lieben. Aber zu seinem Verein gehen nur wenige Zuschauer. »Manchmal«, sagt der »Schäng« hochdeutsch, »herrscht bei uns eine Stimmung wie auf dem Friedhof von Chicago.« Dann verfällt er, die Verzweiflung macht es, gleich wieder in die kölsche Mundart, weil er ja schließlich seine Kölner sucht: »Sull isch vieleisch opp enem Hippebock dursch et Stadion rigge?«

Nein, es muß noch einen größeren, bedeutenderen, wichtigeren, erfolgreicheren Fußballverein geben in dieser Stadt, in der sich Lokales und Weltniveau stets verquicken. Ein anderer Verein: Bei dem im Wappen setzt ein Ziegenbock stets zum Sprung über die Domtürme an. Gewaltiges Unterfangen – aber ob er es wohl schafft?

Schöpferisch und schlitzohrig, energisch und leicht resignierend, kühn und mit listiger Feigheit suchen hier Individualisten, mal Tünnes, mal Adenauer, ständig einen neuen Fixpunkt. Aber finden sie ihn, oder: Schafft Geißbock »Hennes« wirklich den Sprung über das größte Gotteshaus des Landes?

Ein bißchen muß kölsche Mentalität schon beschrieben sein bei der Frage nach dem Image, nach dem Ansehen, das der 1. FC Köln in seiner Heimatstadt genießt oder haben möchte, nach dem Bild, das von diesem Klub im Umlauf ist.

Und wie ist es nun? Wenn das so einfach wäre. Einmal, das ist einzigartig in der deutschen Fußballgeschichte, standen die zwei führenden Klubs einer Stadt im Pokalfinale gegeneinander, selbstverständlich im Müngersdorfer Stadion zu Köln. Das war ein so großes vaterstädtisches Fest, daß auch die katholische Kirche nicht abseits stehen konnte. Also wurde der damalige, inzwischen verstorbene Dompropst Heinz-Werner Ketzer gefragt, wie das lokale Spiel mit nationaler Bedeutung denn ausgehen werde für die Kölner Vereine. Ketzers Antwort: »Sie sollen zur heiligen Rita für aussichtslose Anliegen beten, dann werden wir ja sehen.«

Und was hat das mit dem Image des 1. FC Köln zu tun? Teils, teils eben – fragen Sie die heilige Rita.

Geben wir eine kölsche Antwort für dieses Teils-teils. Erstens: Was der Kölner so richtig lieb hat, liebkost er mit seinem Spott. Zweitens: Im Kölschen gibt es, fürwahr verblüffend, keinen Ausdruck für »Liebe« oder »ich liebe dich«. Der Kölner sagt vielleicht »ich han dich gän« oder »wie wöhr et met uns zwei?«. Oder, noch schamhafter getarnt: »Ding Figürche hät mir der Arzt verschrevve.« Will sagen: Manchmal werden Gefühle hier eben verdeckt, Empfindungen nicht direkt gesagt. Vielleicht hilft dieses Beispiel ein wenig weiter. Die Stadt, es war 1978, feierte die deutsche Fußball-Meisterschaft seines 1. FC Köln. Oberbürgermeister John van Nes Ziegler hatte ins Rathaus geladen. Und da, in der Stunde des Triumphes, hob der erste Bürger der Stadt den Zeigefinger und predigte Moral: »Die Möglichkeit der Spieler, durch große Leistungen gutes Geld zu verdienen, ist nur dann berechtigt, wenn auch einer Starmannschaft bewußt bleibt, daß das Geld für ihre Gehälter und Prämien von Zehntausenden normal verdienender Zuschauer stammt.«

Kann es noch mehr Distanz zwischen der Stadt und ihrem Verein geben? Wäre Hertha BSC Meister geworden, der Regierende Bürgermeister von Berlin hätte wohl in seine Regierungserklärung aufnehmen müssen, dem verschuldeten Klub jetzt persönlich Kredite zu besorgen. Sein Kollege in Gelsenkirchen hätte mit den Schalkern geweint und getrunken. In München hätte sich das gesamte Klatschkolumnen-Volk versammelt, vom Feinkost-Verkäufer bis zum nackerten Playgirl. Es wäre ein Tag für die gesamte Schicki-Micki-Schickeria geworden.
In Köln mahnt der Oberbürgermeister mit erhobenem Zeigefinger.
»Für Schalke sterben«, kann man sagen und es sogar tun, wie ein Kassierer in den 30er Jahren, als er wegen ein paar Unregelmäßigkeiten in den Büchern in die Emscher sprang. In Köln hätten sie diesen Mann ob seiner tödlichen Vereinsliebe nicht zum Märtyrer gemacht, sondern posthum für bekloppt erklärt. Denn: »Für den 1. FC sterben«, das paßt nicht zusammen.
In Köln, so scheint es, wird Fußball vorgeführt, nicht gelebt. Da bleibt immer noch Freiraum zwischen Bühne und Zuschauerrängen. Ein lauernder, manchmal sogar mißtrauischer Abstand.
Oh, heilige Rita, hilf.
Aber wie soll sie denn angesichts des zweiten Beispiels, das Anlaß war für das weise »SichHeraushalten« des Domprobstes Ketzer (eine solche Verbindung von Amt und Namen ist wohl auch nur in Köln möglich).
Also: Köln spielte gegen Köln, 1. FC gegen SC Fortuna, im Juni 1983, im deutschen Pokalfinale. Es war die Zeit, als selbst Werner Höfer, der frühere Fernsehdirektor des WDR, sinnend in seinen Frühschoppen blickte und verbale kölsche Spekulationen betrieb. Er schrieb: »Frag ich mein beklommen Herz, um diese edle Zeile aus dem ›Barbier‹ für eine so holde Nebensache zu bemühen, so bemerke ich eine Störung im Herzrhythmus: Herzklopfen, Herzflattern. Die lebenswichtige Pumpe bewegt sich ruhig wie immer beim Gedanken an den Großen, arbeitet aber um einiges schneller bei der Zuwendung zu dem Kleineren (oder sollte man nicht sagen ›der Kleinen‹, weil ›Fortuna‹ immer weiblich ist?). Wie der FC spielt, regt mich nicht auf. Ob aber die ›Fortunen‹ gewinnen: das ist die wahrhaft herzbewegende Frage.«
In der Tat war dieses Ereignis »für die Anhänger, die Liebhaber, die Sympathisanten, sogar für die Indifferenten, soweit sie Kölner sind,

eine lokalpatriotische, eine lokalpsychologische Herausforderung ersten Ranges« (Werner Höfer).

Wurde sie angenommen, diese Herausforderung? Von den Kölnern, von ihren beiden besten Fußballmannschaften?

Willy Millowitsch, der »kölsche Willy«, freute sich als »Volksschauspieler« darüber, daß der Pokal auf alle Fälle in der Domstadt bleiben werde. Seiner Kollegin Trude Herr fiel dabei der Berliner Pierre Littbarski ein: »Den mag ich. Der holt nur deshalb so viele Bälle, weil er X-Beine hat.« Oberbürgermeister Burger sprach von einem »Beweis der hohen Qualität des Kölner Fußballs«, wies aber gleich auf die vielen Amateure hin, von denen »1500 Teams auf 186 Plätzen in der Stadt« spielten.

Alles teils-teils und ein Fall für aussichtslose Anliegen, wenn es darum geht, eine klare Aussage für oder gegen den einen oder anderen zu finden. Ausnahmen bestätigen auch hier die Regel. Sie kommen aus der zweiten Reihe, wenn es um die kölschen Musikgruppen geht oder um die Bürger, die unter dem Oberbürger(meister) Bier ausschenken.

Rockmusiker Jürgen Zeltinger sagte: »Ich hoffe, daß der 1. FC mal so richtig einen auf den Deckel kriegt, weil die Jungs so arrogant sind.«

Rolf Scheide, Wirt einer Kneipe in der Kierberger Straße, die fast in Sichtweite des Fortuna-Südstadt-Stadions liegt (seine Thekenmannschaft spielte unter dem Friede-Freude-Eierkuchen-Namen *»FC-Fortuna-Eck«*), wünschte dem 1. FC Köln den Sieg: »Wegen dem Löring. Weil der sagt: ›Ich hab genug Geld, ich bin auf Zuschauer nicht angewiesen‹.«

Da mach nun einer etwas draus, der dem Image des 1. FC Köln auf der Spur ist. Dieser Klub ist zwar die ranghöchste Mannschaft in der Stadt. Und wer den Fußball liebt, der geht »zum FC«. Aber den Fußball zu lieben, heißt noch lange nicht, diesen Verein zu lieben. Und umgekehrt auch nicht – wir wollen ja beim Beispiel der vaterstädtischen Auseinandersetzung bleiben.

Der große 1. FC spielte schwach in diesem Pokalfinale, gewann aber 1:0, was denn prominente Bekenner auf den Plan rief. Otto Wolff von Amerongen, Präsident des Deutschen Industrie- und Handelstages, langjähriges Mitglied des Verwaltungsrates des 1. FC Köln: »Ganz ehrlich: Obwohl mein Herz am 1. FC hängt – gefallen hat mir heute nur die Fortuna.«

Schon wieder gespaltenes Herz und Zwiespalt der Gefühle. Nur einige Spieler des Siegers hatten das offensichtlich nicht so recht begriffen. Die Zuschauer – sie hatten teilweise auf dem schwarzen Markt 250 Mark für eine Eintrittskarte bezahlt – beklatschten bei der Siegerehrung die Mannschaft von »Schäng« Löring. Was denn einen Spieler des 1. FC bei der Siegerehrung zu dem fatalen Ausruf in Richtung Zuschauer verleitete: »Nun jubelt doch, ihr Schweine.«

Das sind eben die Augenblicke, in denen selbst die kölschesten Typen der Mannschaft des »Ersten Kölner Fußball-Clubs« die eigenen Landsleute nicht mehr begreifen. Torwart Harald Schumacher – obwohl selbst nicht besagter Zuschauerbeschimpfer – entschuldigte sich später für diesen abfälligen Spruch, fügte aber hinzu: »Diese Zuschauer kann man in der Pfeife rauchen, die kommen einmal im Jahr und machen so ein Theater.«

Später, in den Stunden nach der Auseinandersetzung Köln gegen Köln, sangen die »Bläck Fööss« in der Südstadt vor weit mehr kölschen Fans als sich am »Geißbockheim« beim Sieger eingefunden hatten: »Im Müngersdorfer Stadion hatte es fast den Anschein, als hätte die Fortuna den Pokal gewonnen und nicht der 1. FC. Der Pott aber steht in unserem Schrank, nicht in der Südstadt.«

250 geladene Gäste speisten im feinen Klubheim, das mit 1,7 Millionen Mark Aktiva in den Bilanzen des 1. FC Köln steht.

Da nenn einer die Gründe für die Distanz. Gerechte, ungerechte, historisch begründete oder gefühlsmäßig eingebildete – nach kölscher Eigenart.

Der 1. FC Köln ist zweifellos eine Institution in der Stadt. Aber eine, die sich ihren Bürgern, stets die Nase etwas erhoben, als »Club des Besonderen« (Festschrift zum 25. Jubiläum der Fusion) nähert. Fast scheint es so, als sei der Klub schon bei seiner Gründung bewußt den Weg in die innere Emigration gegangen, als habe er sich in voller Absicht einen Anzug geschneidert, der ihn in seiner vornehmen Paßform vom Kölner Fußball-Volk trennt.

Es ist ja nicht richtig – die Legende hält sich hartnäckig –, daß der Vorstand diagonal geteilte Seidentrikots in rot-weiß (die Stadtfarben) bei Dior in Paris bestellt und eingeflogen hatte. Aber es wird ja gar kein Hehl daraus gemacht (wieder in der Festschrift zum 25. Jubiläum), daß da etwas auf Stelzen einherschreitet und sich dem Kölner Publi-

kum nähern will, das gegen das »ihr da oben« ein gesundes Mißtrauen pflegt.
So steht also geschrieben: »Massenverein oder Exklusiv-Klub, das war und bleibt die nicht endgültig beantwortete Frage. Viele Mitglieder oder nur wenige, dafür aber gute? Mit Anmeldeformularen ist man jedenfalls nie hausieren gegangen, und dabei wäre es doch so leicht gewesen, nach großen Erfolgen auch großen Zuspruch neuer Mitglieder zu finden.«
Die Distanz ging von der Spitze aus, und da herrschte lange die Mentalität, die 1961 so ins Vereinsheft »Geißbockecho« gesetzt wurde: »Freudig der Mutterschaft und stolz, der Zeit neues Leben geschenkt zu haben, kristallisiert die rheinische Metropole ihre Schätze wie besorgt in einer Hülle, als gelte es, den Glanz zu konservieren.«
Es geht um Fußball – selbst schuld, wer so etwas drucken läßt.
Die andere Seite – heilige Rita, befreie uns von dem teils-teils – ist die Selbsterkenntnis, die alles in einem viel milderen Licht erscheinen läßt. Da steht der verschämte kleine Satz auf Seite 20 der Festschrift zum 25. Jubiläum: »Nimmt und zählt man alles in allem, dann war und ist der führende Klub der Kölner Domstadt anderswo beliebter als dort selbst.«
Der übermächtige Gründervater Franz Kremer, ohne den es wahrscheinlich heute noch keine deutsche Fußball-Bundesliga geben würde, hat das alles schon vorausgesehen: »Die Kölner sind das beste Publikum der Welt, wenn es darum geht, einen großen Erfolg zu feiern, aber die undankbarsten Anhänger, wenn es gilt, mit Niederlagen fertig zu werden.«
Da gibt es noch ein Beispiel, das diese Worte teils bestätigt, teils dennoch alles auf den Kopf stellt (oh, heilige Rita, hilf). 1969 wäre der 1. FC Köln bekanntlich beinahe aus der Bundesliga abgestiegen. Erst das letzte Spiel gegen den 1. FC Nürnberg im alten Müngersdorfer Stadion sicherte ihm mit einem Sieg die Erstklassigkeit. Damals wandte sich der Oberbürgermeister Theo Burauen, Mitglied des Verwaltungsrates des 1. FC, in den Kölner Zeitungen an das Kölner Volk: »Pfeifen und schimpfen, räsonieren, wenn einmal ein Schuß danebengeht, wirken immer deprimierend, nie anfeuernd. Schließlich sind Fußballer Menschen wie Sie und ich. Also, ihr Mannen! In Notzeiten gab es im Kölner Rathaus keine Parteien, sondern nur eine einzige köl-

nische Fraktion. Diesen Geist sollten wir in den nächsten Wochen auf dem Fußballfeld unserem 1. FC Köln vermitteln.« Manchmal existiert sie eben doch, die »einzige kölnische Fraktion«.
Alle Kölner wollen ja, daß dieser Geißbock immer wieder über die Domtürme springt. Aber das, was sie lieben, streicheln sie mit ihrem Spott. Woraus durchaus zu schließen ist, daß sie den 1. FC lieben, aber kein Wort in ihrer Mundart haben, das »Lieben« direkt sagen kann.
Kölns bedeutendster Sportverein, eben dieser 1. FC Köln, ist der populärsten Kölner Gesangsgruppe bisher nur eine Strophe in einem Lied wert gewesen. Die »Bläck Fööss« singen in einem Stück über das allgemeine Pech des kleinen Mannes, der sich, das ist kölsch, die Tränen und die Freude verkneift: »Im Stadion do trofen sich jot sibbedausend Mann, isch hat ene jode Platz erwisch, doch de Zick, die wood m'r lang. Isch wör ming Fahn am schwenke, die Jungs stürte dat nit: 2:1 verlore, FC-Fans kriesche nit.«
Was ist nun mit dem Image des 1. FC Köln in seiner Heimatstadt? Irgendwann – in der Vergangenheit, die nicht länger als zehn Jahre her ist – hat das Verkehrsamt der Stadt Köln eine Repräsentativumfrage in Auftrag gegeben, um Grundlagen für seine Touristenwerbung zu haben. Ergebnis: Köln liegt am Rhein, besitzt einen mächtigen gotischen Dom, feiert Karneval – und ist die Heimat des 1. FC Köln.
Trotz Konrad Adenauer, der einmal hier Bürgermeister war, trotz Kölnisch Wasser, die alten Römer und die Witzfiguren Tünnes und Schäl – der 1. FC Köln liegt an vierter Stelle in einer Stadt, die ihr Image für alle Zeiten weg hat.
Nur: Die Kölner spielen Fußball so, wie die Witzfiguren Tünnes und Schäl ihr Leben bestreiten. Zum Beispiel so: Tünnes schlägt vor, den Dom wegzuschieben. Er und Schäl ziehen ihre Jacken aus und schieben. Weil sie ganz vertieft sind in ihre Arbeit, merken sie nicht, wie einer die Jacken klaut. Schäl sieht sich um, sieht die Kleider nicht mehr und sagt zu Tünnes: »Mensch, Tünnes, guck mal, wie weit wir schon sind. Man kann unsere Jacken nicht mehr sehen.«
Der Geißbock im Wappen des 1. FC Köln setzt ständig zum Sprung über die Domtürme an. Der Verein will seinen Landsleuten ständig weismachen, daß er es auch schafft. Nur tut er es nicht und verunsichert deshalb seine Anhänger, die Kölner sind und deshalb genauso leben wie Tünnes und Schäl.

Das verunsichert, das schafft Distanz.
Der verstorbene Domprobst Ketzer hat auf die »heilige Rita« verwiesen. Die ist zuständig für »aussichtslose Anliegen«. Also auch für das Image des 1. FC Köln in seiner Heimatstadt.
Teils-teils ist dieses Bild, nicht mehr und nicht weniger. In Köln springt so schnell keiner über den Dom, auch kein Geißbock, der »Hennes« heißt.

Nachbarn

Die Begleiterscheinungen eines FC-Heimspiels beschreibt Heinrich Böll, der einige Jahre in der Nähe des Müngersdorfer Stadions gewohnt hat.

Das Dorf hat, wenn auch nicht mehr einen eigenen Bahnhof wie das beneidenswerte benachbarte Bocklemünd, aber noch einen eigenen Halte-Perron, der Köln-Stadion heißt. Fußballfreunde kennen das Dorf, es heißt Müngersdorf; die Müngersdorfer, obwohl ihnen der Fußball, wie einst die Pilger, gewisse Einkünfte beschert, sind keineswegs einhellig begeistert über die Heimspiele des 1. FC Köln. Autos rücken wie Heuschreckenschwärme aufs Dorf zu, besetzen es, umzingeln es, machen jeden zweiten Samstagnachmittag zu einem unerfreulichen; sie bewirken eine Art Belagerungszustand. Es ist nur nicht leicht, sondern fast unmöglich, an Heimspieltagen des 1. FC nach Hause oder von zu Hause wegzukommen. Eine Autoschlange ist eine Autoschlange – und wenn einer nicht des Schlangenfahrens verdienten Lohn, das Fußballspiel, vor Augen hat, ist es einfach nur ärgerlich, weil ganz und gar sinnlos, für eine Strecke, die in vier bis fünf Minuten zurückzulegen wäre, eine bis eineinhalb Stunden zu brauchen. Das ist besonders ärgerlich, wenn man nicht von zu Hause weg, sondern nach Hause will. Es ist schwer begreiflich zu machen, daß einer zwar nach Müngersdorf, aber nicht zum Fußballspiel will; eine solche Feststellung wirkt wie eine Beleidigung, sie ist offenbar so unwahrscheinlich wie unverständlich, wird als eine Art ideologischer Kriegserklärung

gegen das Fußballspiel verstanden. Da nützen nicht Ausweis noch Beteuerungen, da nützen keine Flüche und kräftigen Ausdrücke: der heimwärts Strebende wird über kilometerlange Umleitungen, an hilflosen Polizisten vorbeigelenkt. Ist das Wetter besonders schön, der Gegner besonders attraktiv – desto dichter rücken natürlich die Heuschreckenschwärme heran. Mag einer ansonsten auch keinen Terminkalender benötigen: wenn er in Müngersdorf wohnt und für Samstag Verabredungen trifft, muß er sich die Heimspieltage des 1. FC, muß griechische, jugoslawische, italienische Gastspiele vormerken oder sich listig wie Odysseus zwischen Spielbeginn und -ende von zu Hause weg oder nach Hause schleichen. Spaziergänge, während das Spiel im Gang ist, sind gespenstisch: Kilometer im Umkreis bestimmen Autos, Autos, Autos Straßen und Landschaft, sie bestimmen die Wiesen, die Wälder, Bäume und Häuser – und von Schönheit der Technik keine Spur. Manche der heranrückenden Fußballfreunde, weiten Weges nach Mekka daherpilgernd, erleichtern sich auf der Stelle, und das ist weder für jung noch alt, noch für Mann und Frau sehr erhebend.
Weithin ist zu hören, wenn ein Tor fällt, wenn eine Torchance verpaßt wurde, und da dem Genius loci immer am lautstärksten gehuldigt wird, hört man auch, wer wem eins reinschoß: der fünfzigtausendstimmige Seufzer bei verpaßter Chance, die sechzigtausendstimmige Begeisterung – es bedarf keines subtilen Gehörs, nicht einmal geübter Ohren, um am herüberziehenden Geseufze und Gebrüll das Ergebnis vorweg zu erraten.
Manchmal gehen wir nach der Halbzeit auch ins Stadion: die beherrschende Farbe ist Blau; blaue Mäntel, blaue Regenschirme – und das bewegte Blau der permanenten Zigarettenwolke, Rauchopferwolke aus einem großen Hain aufsteigend; der saftig-grüne Rasen zwischen so viel Blauschattierungen, unten die flinken, intelligenten Akrobaten, die genau wissen, was sie ihrem Beruf, ihrer Ehre und dem Publikum schuldig sind; in den Kommentaren der Zuschauer eine gewisse Vertraulichkeit mit Biertischbesserwisserei gemischt; der gelobte oder getadelte Spieler wird beim Vornamen genannt, als wäre man mit ihm zur Schule gegangen; das Possessivpronomen »unser« ist so obligatorisch wie peinlich. Die Spiele sind immer spannend, gute Unterhaltung – es fällt schwer, das Stadion früh genug, das heißt mindestens

zehn Minuten vor Spielende zu verlassen. Erfolgte das Einrücken der Heuschrecken noch in Abständen, schubweise – ihr Aufbruch ist gemeinsam, und es ist gut, dann weit weg oder sicher im Haus zu sein, weil man sonst gezwungen wird, am eigenen Leib zu erfahren, was Disziplin und Gehorsam voneinander unterscheidet. Wenn kein Feldwebel anwesend ist, der Disziplin zum Gegenstand des Gehorsams machen kann, erweist sich die Disziplin-, Halt- und Rücksichtslosigkeit der Gehorsamen. Autofahrende Müngersdorfer, die sich nicht vergewissert haben, ob es ein Heimspielsamstag ist, an dem sie heimwärts streben, und die in die zurückströmenden Autos hineingeraten, sind dazu verdammt, in den Ruf bösartiger, bockiger Nonkonformisten zu geraten; wenn einer, ohne auf den Fußballkalender geblickt zu haben, am Samstagnachmittag so etwas Konformistisches, geradezu peinlich Normales wie nach Hause will – er darf sich weder an Einbahn- oder Absperrschilder halten, noch sollte er sich auf die Polizei verlassen, die ihn in Autoschlangen hinein umlenkt –, er sollte möglichst seine Autonummer verhängen, sich, alle Schilder und winkenden Arme mißachtend, durchschlagen, mit viel Disziplin, aber ohne Gehorsam, listig wie Odysseus, auf daß er bald der strickenden Penelope am Kamin, im belagerten Müngersdorf gegenübersitze. An dreizehn von vierzehn Tagen – und wenn der FC Platzverbot hat, oft wochenlang hintereinander, ist Müngersdorf friedlich mit seinen schönen alten Bäumen, den Bauernhöfen, mit seinem Klatschzentrum, wo die Hausfrauen im morgendlichen Einkaufsrhythmus unweigerlich aufeinandertreffen, eine Pause machen und sich das Neueste erzählen: daß der und der da und da, wie und wo –, oder daß er beim Metzger wieder hat anschreiben lassen. Oh, die alten hohen Platanen, sie wüßten wohl zu erzählen.

(Aus: H. Böll, Werke, Band: Essayistische Schriften und Reden 2, 1964–1972, hrsg. v. Bernd Balzer, Köln, Kiepenheuer und Witsch, 1978, S. 139ff.)

Klaus Allofs

Dank Löhr zurück in die Nationalelf

»Ach, wär der doch nur in Düsseldorf geblieben«, haben wohl die Kölner Fans in den ersten beiden Jahren meiner Fußball-Zeit im Müngersdorfer Stadion gedacht.
Für mich war die ganze Situation bedrückend. In Düsseldorf, wo ich 10 Jahre für die Fortuna gespielt hatte, galt ich als Verräter. In Köln wurde ich an meiner Ablösesumme von 2,25 Millionen Mark gemessen und galt für viele als Fehleinkauf.
Dabei hatte ich mir so viel vorgenommen, so viele Hoffnungen an den Wechsel zum 1. FC geknüpft. Ich wollte in einer Spitzenmannschaft spielen, die eine Chance hatte, Deutscher Meister zu werden.
Dies war zu jener Zeit mit der Fortuna nicht mehr zu erreichen. Nach dem verlorenen Europacup-Finale gegen CF Barcelona war die damals starke Truppe auseinandergefallen. Der Verein mußte auf Grund der finanziellen Situation immer mehr Spieler abgeben. Auch mein Transfer nach Köln stand in Verbindung mit der maroden Kasse am Flinger Broich.
Während sich in Düsseldorf die Klasse-Stürmer nach und nach verabschiedeten, hatte der 1. FC wohl des Guten zuviel. Da waren mit dem Engländer Woodcock, dem Schweizer Botteran, Klaus Fischer, Pierre Littbarski und mir gleich fünf offensive Leute, alles Nationalspieler, in

einer Mannschaft. Bei dieser Zusammensetzung – zumal Woodcock und ich von der Anlage die gleiche Position spielen – mußte es einfach Probleme geben.
Da es nicht gelang und auch wohl unmöglich war, eine Mannschaft mit diesen fünf Spielern zu formen, setzte Rinus Michels abwechselnd den einen oder anderen auf die Bank. So war immer einer sauer, unzufrieden. Das Selbstbewußtsein ging verloren, die Stimmung war gereizt.
Es gab Phasen, da habe ich an mir gezweifelt, mich gefragt: Hast du das Fußballspielen verlernt? Die Angst, einen Fehler zu machen, hemmte meine Spielweise. Ich wußte nicht, was mit mir los war. Das Explosive, meine Stärke, war einfach weg.
Trotz aller Probleme hätten wir Meister 1982 werden können. Doch wir gaben nach großen Spielen (4:0 gegen Bayern München und 2:0 bei Borussia Mönchengladbach) leichtfertig unnötige Punkte ab. (1:1 zu Hause gegen Darmstadt und dann sogar 0:1 gegen Bielefeld.) Ja, mit drei Punkten hinter dem Hamburger SV kamen wir als Zweiter ins Ziel. Wenigstens waren wir wieder in einem Internationalen Wettbewerb.
Doch meine Hoffnung, nach dem Gewinn der Europameisterschaft 1980 in Rom auch in Spanien die WM mitzumachen, mußte ich aufgeben. Ich war einfach nicht in eine solch konstante Form gekommen, um mich für dieses Turnier nachdringlich zu empfehlen.
Obwohl Tony Woodcock den 1. FC zurück in Richtung England verlassen hatte und damit ein Problem gelöst war, kam ich auch in der zweiten FC-Saison für mich nicht so in Schuß, wie ich mir das erhofft hatte. Am Ende gewannen wir zwar den Pokal. Aber der Gewinn dieses Endspiels (1:0 gegen Fortuna Köln) war ebenso freudlos wie die gesamte Saison verlaufen war.
Ich hatte schon zwischenzeitlich mit dem Gedanken gespielt, den Klub wieder zu verlassen. Ich kam einfach nicht mit Rinus Michels, der sicherlich auf seine Art ein guter Trainer war, zurecht. Die sterile Atmosphäre, seine unpersönliche Art, war für mich nicht der Boden, auf dem Spielfreude wachsen konnte.
In Düsseldorf dachte derweil der Präsident Bruno Recht laut darüber nach, mich wieder an den Flinger Broich zu holen. Doch hier hatte sich die finanzielle Situation immer noch nicht entscheidend geändert.

Mein Bruder Thomas war inzwischen auch weg, verkauft nach Kaiserslautern.
Trotz meiner Probleme mit dem Trainer hatte ich in Köln einige Dinge erkannt, die besser waren als früher in Düsseldorf. Der Verein am Geißbockheim wird einfach profihafter geführt. Gleich allerdings ist das Verhalten der Fans, hier wie dort. Sie stehen nicht so bedingungslos hinter ihren Mannschaften, wie das bei Bayern München oder in Kaiserslautern ist. Sie sind schnell verschnupft – die Düsseldorfer genau wie die Kölner. Ein schlechteres Spiel, und schon haben sie die Nase voll, bleiben zu Hause. Das liegt sicherlich an der Mentalität und den großen Möglichkeiten im Umfeld beider Städte, sich schnell einem anderen Klub zuzuwenden.
Das ist allerdings in Düsseldorf noch ausgeprägter als in Köln. Da sind in der Nachbarschaft Mönchengladbach und Uerdingen, früher noch der MSV Duisburg. Dazu kommt für die Fortuna ein weiterer Nachteil: Die Bewohner an der Peripherie der Landeshauptstadt, die in Kaarst, Mettmann oder Neuss wohnen, fühlen sich schon nicht mehr als Düsseldorfer. In der Domstadt dagegen rekrutiert sich gerade eine große Zahl der Fans aus dem Umland. Die fühlen sich alle als Kölner. Aber in Scharen kommen auch sie nur, wenn das Besondere geboten wird. Ihre Begeisterung ist nicht leicht zu wecken. Ich bin sicher, ständen sie mit der gleichen Leidenschaft hinter der Kölner Mannschaft wie die Fans am Betzenberg hinter Kaiserslautern, wir würden einige Pünktchen pro Saison mehr holen.
Allerdings wird den Anhängern ein extrem kritisches Augenmaß ja ständig durch einige Medien vermittelt. Es scheint zur Zeit chic zu sein, die Leistungen der Bundesliga-Profis zu bemängeln. Sicherlich sind heute manche Spiele nicht mehr so schön wie früher. Doch dies ist eine Entwicklung, die nicht mehr zurückzudrehen ist. Das Spiel ist verbissener, athletischer und härter geworden.
Aber die Fußball-Fans am Rhein wollen nicht nur den Sieg, sie wollen den schönen und glanzvollen Triumph. Dies haben wir dann auch zeitweise bieten können, unter Hannes Löhr, der zum Saisonbeginn 1983 Nachfolger von Rinus Michels wurde. Die Atmosphäre veränderte sich schlagartig. Es wurde wieder gelacht und geflachst. Ich fuhr wieder gerne zum Training nach Köln. Mir gelang die Rückkehr in die Nationalelf. Am Ende der Saison unterschrieb ich einen neuen Drei-

jahresvertrag bei dem Klub, den ich ein Jahr zuvor vorzeitig wieder verlassen wollte.
Nachdem wir im ersten Löhr-Jahr mit einer jungen Truppe immerhin als Fünfter den UEFA-Cup wieder erreichten, waren wir in der Saison 1985/86 nahe dran, den Titel zu holen. Aber in der entscheidenden Phase wurde ich verletzt, verloren wir Pierre Littbarski für vier Wochen durch Platzverweis.
Das derzeitige Problem des 1. FC ist, daß die Ersatzbank nur mit jungen, grünen Spielern bestückt ist. Das bedeutet: Zu oft müssen zu viele von ihnen gleichzeitig ins Feuer geschickt werden.
So steht der Klub nach meiner Meinung an einem kritischen Punkt. Die Mannschaft kann mit etwas Glück oben mitspielen. Aber mit etwas Pech droht auch der Fall ins Mittelmaß. Dies haben wir ja erleben müssen. Und daran hatte sicherlich Trainer Löhr keine Schuld.
Mit der einen oder anderen gezielten Verstärkung wäre sicherlich mehr Stabilität zu erreichen. Deswegen habe ich mich für die Verpflichtung meines Bruders Thomas stark gemacht, deswegen würde ich gerne einen Spieler wie Matthäus oder Brehme bei uns sehen.
Doch ein Garant dafür, daß dann die Meisterschaft geschafft wird, kann keiner sein. Und dies ist eigentlich gut so. Die Rechnungen mit den vielen Unbekannten halten den Fußball in Spannung. Und deswegen wird er auch die kritische Phase überstehen . . .

Klaus Allofs als erfolgreichster Torjäger der Saison 1984/85

Ladies last

Welche Rollen Frauen in der Männergesellschaft des 1. FC Köln spielen, beschreibt Irmgard Stoffels.

Mancher auf den besseren Plätzen hat sie wohl schon bedauert. Da sitzen sie in der untersten Reihe der Ehrentribüne des Müngersdorfer Stadions, da, wo das Dach nicht mehr hinreicht. Bei Wind und Regen harren sie aus, bei Schnee und Eiseskälte in die Pelze verkrochen, zittern sie mit ihren Männern und Freunden, die ein paar Meter entfernt auf dem Spielfeld für ihren Brötchengeber schuften.
Ihr Blick – sofern geradeaus gerichtet – trifft die Spieler in Kniehöhe, und auch das nicht immer: »Manchmal stehen da noch riesige Blumenkübel rum«, sagt Marlies Schumacher, die Nationaltorhüters-Gattin, »da siehst du dann gar nichts mehr.«
Auf die Idee, dagegen zu protestieren, kommen die FC-Frauen nicht, in der weisen Erkenntnis, daß es ja wohl doch nichts nützen würde. Einmal haben sie es probiert, in der Adventszeit 1976. »Aufstand der FC-Frauen« hieß damals die Schlagzeile im EXPRESS. Da hatte sich Präsident Peter Weiand etwas ausgedacht, das den geduldigen Damen denn doch über die Hutschnur ging: Er schickte die Spieler eine Woche vor Weihnachten nach Teneriffa in Urlaub – eine »Dienstreise« für die gestreßten Arbeitnehmer. Emmy Strack, die ihren Gerd zwei Wochen vorher geheiratet hatte, war ebenso sauer wie Uschi Flohe, die eine »Ehekrise mit meinem Heinz« heraufziehen sah. Karin Overath (»gerade in der Vorweihnachtszeit brauchen die Kinder doch ihren Vater«) boykottierte aus Verärgerung mit ihren Söhnen Marco und Sascha die Weihnachtsfeier – und Ehemann Wolfgang schloß sich sogar an. Das Ende vom Lied: Die Herren vom Vorstand blieben stur, der Betriebsausflug ohne Damen fand natürlich statt!

Um so härter muß es die starken Männer getroffen haben, als sie sich an einer Frau dann doch die Zähne ausbissen. Gaby Schuster heißt die resolute Blondine, die sich um Fußball-Sitte einen Teufel scherte, sich keß mit an den Verhandlungstisch setzte und dabei gleichzeitig den Klub-Bossen und den sich für ausgekocht haltenden Spieler-Managern zeigte, wo Gaby den Most holt.

Auch Trainer Hennes Weisweiler war das blonde Modell in Lack und Leder, das da ab und zu beim Training auftauchte, nicht ganz geheuer: »Watt will dat Luder da schon widder«, grantelte er. Gaby Lehmann hatte zu dieser Zeit noch nicht die Spur einer Ahnung vom Fußball-Geschäft. »Ich hatte noch nie ein Spiel gesehen, bevor ich Bernd kennenlernte«, erzählt die spätere Frau Schuster.

Am 6. Juni 1979 heiratete die hübsche Kölnerin den 19jährigen Jung-Star aus Augsburg, der inzwischen bei ihr eingezogen war. Über diese Verbindung wurde nun im »Hillige Kölle« getuschelt, weil Gaby ein paar Jährchen älter war als ihr Ehemann. Doch die beiden störte das wenig. Und auch Altvater Weisweiler war froh, daß sein Lieblingsschüler Schuster unter der Haube war. »Für den Bernd ist die Gaby Gold wert.« Ein Spruch, der sich noch bewahrheiten sollte.

Weisweiler selbst konnte sich dem energisch-positiven Einfluß einer Frau ja schließlich auch nicht entziehen. Seine Lebensgefährtin Gisela, die er 1980 in dritter Ehe heiratete, umhüllte den kölschen Bollerkopp mit einem Hauch von Weltmann. Er, der früher mit einem Schlips pro Jahr auskam, lief plötzlich feingemacht in Nappa und Seidenhalstuch herum, seinen Hang zum über alles geliebten Kölsch gab er mehr und mehr zugunsten feinsten Champagners auf: »Ich will Moët Chandon – evver brütt muß he sin!« Und wenn Gisela dem Liebhaber langer Kneipennächte zu verstehen gab: »Hans, wir gehen jetzt«, dann folgte er brav – es sei denn, sein Promillepegel hatte ein gewisses Maß schon überschritten. Dann wollte »Hans« lieber wieder »Hennes« sein.

Als Hennes Weisweiler Anfang 1980 nach Amerika abwanderte und Karl-Heinz Heddergott seinen Platz beim FC einnahm, fühlten sich auch die Schusters in Köln nicht mehr wohl, zumal ein lockendes Angebot von Bayern München vorlag. Mit Bayern-Manager Uli Hoeneß war man sich schnell einig, doch der FC gab seinen jungen Nationalspieler nicht frei. In dieser Situation wurde Gaby wohl zum erstenmal richtig klar, daß sie die Geschicke ihres Mannes in die tatkräftigen Hände nehmen mußte. Denn ein Jahr zuvor hatte der Bernd beim FC einen neuen Drei-Jahres-Vertrag unterschrieben, obwohl der alte noch ein Jahr lief. 150 000 DM verdiente er damit in Köln pro Jahr, doch bei den Bayern hätte er jetzt fast das Doppelte kassieren können. Gaby Schuster: »Da hat der FC den Bernd ganz schön reingelegt« – und das sollte ihm unter ihrer Regie nie mehr passieren.

Als Schuster sich dann im Spätsommer mit Heddergott, dem »Hipp-Hipp-Hurra«-Trainer, anlegte (»ein Amateur«) – und der auch mit ihm (»ein Rotzlöffel«) – bekamen die FC-Oberen Gabys Kampfeswillen zu spüren. Schuster wurde vereinsintern gesperrt, und Gaby versuchte bei Präsident Weiand doch noch die Freigabe für München zu erhalten. Zwei Millionen Ablöse wollten die Bayern zahlen – der FC bestand auf fünf! Gaby: »Dabei hat der FC für ihn nur 260 000 DM bezahlen müssen.« Peter Weiand tat noch ein übriges: Er bestand darauf, daß Bernds Vertragsklausel, über den FC nichts Schlechtes sagen zu dürfen, sich auch auf seine Frau beziehe.

Damit kam er bei Gaby schlecht an: Sie verbat sich diese »Frechheit«, schaltete ihren Anwalt ein und verkündete in Zeitungskolumnen, was sie vom 1. FC Köln hielt. So oft wie sie ist wohl noch keine Spielerfrau zitiert worden – weder die eines FC-Profis noch weltweit!

Als Trainer Heddergott nach einem Wortgeplänkel beim Training den blonden Engel vom Platz jagte und ihm befahl, sich auf der Geschäftsstelle abzumelden, war endgültig Schluß. Schuster schickte dem FC seine fristlose Kündigung. Bereits laufende Verhandlungen mit Cosmos New York – wo Hennes Weisweiler das Zepter übernommen hatte – wurden intensiviert. Ende September schien der Wechsel perfekt. 3,6 Millionen Mark wollten die Amis dem Kölner Klub als Ablöse zahlen – gescheitert ist der Transfer schließlich an einer läppischen Summe von 15 000 DM, Teil der Jahresleistungsprämie, die Schusters noch vom FC forderten, die Peter Weiand aber nicht rausrücken wollte.

Da griff der FC Barcelona zu: Die Kölner bekamen ihre 3,6 Millionen, Bernd Schuster aber, immer noch erst 19 Jahre alt, brachte es auf eine Jahresgarantie von 600 000 DM netto! Ein Verdienst der Pokerkünste seiner Frau, denn der eher schüchterne Augsburger gestand: »Für mich selbst hätte ich diese Wahnsinnssumme nie aushandeln können.« Und später, als er in Spanien längst zum Helden avanciert war, schrieb er allen Lästermäulern ins Brevier: »Ohne meine Frau wäre ich im Fußballgeschäft nie dahin gekommen, wo ich jetzt stehe. Auf ihren Rat konnte ich mich immer verlassen.«

Und da stimmt ihm im nachhinein selbst Peter Weiand uneingeschränkt zu.

Eine Frau wie Gaby Schuster ist aber nicht nur den Funktionären oder den Managern, denen sie gekonnt ins Handwerk pfuscht, suspekt. Auch andere Spielerfrauen sehen ihr Engagement eher kritisch. »Zu Hause soll sie ja ruhig die Hosen anhaben«, meint zum Beispiel Iris Schäfer, die Frau des langjährigen Kapitäns Hans Schäfer. »Aber ich finde es unmöglich, sich so in die beruflichen Dinge des Ehemannes einzumischen. Stellen Sie sich nur vor, das machte bei den Frauen von Aufsichtsratsvorsitzenden Mode.«

Darauf hat Gaby Schuster eine Antwort parat: »Kochen, Kinder kriegen, Klappe halten – so wird die Frau geliebt, so ist sie das Ideal eines Fußballstars. Frauen, die sich um die Geschäfte ihres Mannes kümmern, gelten als Emanzen.«

Gabys Freundin Marlies Schumacher bewundert zwar diese Haltung (»für den Bernd ist sie unheimlich wichtig«), doch sie selbst könnte nie so handeln: »Harald muß entscheiden, was er will. Wo er Fußball spielt, wie er sich arrangiert, wenn es Ärger gibt, wann er aufhören will. Denn nur, wenn er zufrieden ist, dann ist es seine Familie auch.«

Und selbst Annemarie Löhr, die als Geschäftsfrau dann einen für sie wichtigen Lebensbereich aufgeben müßte, sagt: »Hannes liebt den Trainer-Job über alles. Wenn er weggehen wollte oder müßte, ginge ich selbstverständlich mit. Ich hoffe nur, er sucht sich eine interessante Umgebung – im Ruhrgebiet hielte ich es nicht aus.«

Die beiden schließen sich wie viele Fußballer-Frauen der Meinung des ehemaligen Bundestrainers Jupp Derwall an: »Eine angenehme häusliche Atmosphäre wirkt sich positiv auf die Leistung der Spieler aus.«

Daß ein gestörtes Familienleben negative Auswirkungen hat, dafür lassen sich natürlich auch beim FC Beispiele finden. Nationalspieler Herbert Zimmermann schien am Ende, als nach Verletzungen auch noch seine Ehe in die Krise geriet. Seine Frau Angelika zog aus der Wohnung aus, der FC gab ihm nur noch einen »Gnadenvertrag« mit geringen Bezügen, aber meist saß er auf der Bank. Erst, als sich die beiden wieder vertrugen, gemeinsam in Urlaub fuhren, nahm ihn Rinus Michels wieder in die Stamm-Elf auf. Und Zimmermann gestand: »Seit bei mir privat wieder klare Verhältnisse herrschen, habe ich auch wieder Selbstvertrauen.«

Auch Wolfgang Weber hat sehr unter seinen privaten Verhältnissen gelitten. Die Ehe mit der bildhübschen Friseuse Brigitte, 1967 geschlossen, wurde fünf Jahre später wieder geschieden. Der »Bulle« jedoch

Oben: Auf der Tribüne: Marlies Schumacher und Gaby Schuster
Unten links: Hennes Weisweiler mit Ehefrau Gisela
Unten rechts: Hans Schäfer mit Ehefrau Isis und Tochter Steffi

kompensierte seine Schwierigkeiten dadurch, daß er sich in seine Arbeit, ins Fußballspielen, regelrecht verbiß – erinnern sich seine ehemaligen Mitspieler.
Die Methoden, eine »positive Atmosphäre« (Derwall) herzustellen, sind bei den Spielerfrauen – wie könnte es anders sein – durchaus verschieden. Vor allem nach verlorenen Spielen. Marlies Schumacher hat

im Laufe ihrer Ehe festgestellt, daß sie »auf den Harald zugehen muß, von selber kommt er nicht. Ich versuche dann, besonders lieb und nett zu ihm zu sein. Früher war er trotzdem tagelang sauer, aber heute wird er dann schnell sehr anhänglich.«
Eine etwas rabiatere Methode hatte Karin Overath, wenn sie ihren Mann wieder ins »wirkliche Leben« zurückholen wollte: »Wenn er knatschig nach Hause kam, habe ich ihm gesagt: Hör doch auf mit dem Fußball. Aufgebaut habe ich ihn wohl nie. Wir haben auch nie über Fußball geredet.«
Bei den Schäfers war das etwas anders. Isis war selbst Handballspielerin, ihr Vater lange Jahre Obmann der Fußball-Schiedsrichter, sie verstand also einiges von der Materie. »Deshalb ließ sich mein Mann auch durchaus Kritik von mir gefallen – allerdings nicht gleich nach dem Spiel. Das hätte Knies gegeben.«
Völlig kritiklos lebt natürlich keine der Frauen an der Seite ihrer prominenten Fußball-Heroen. Marlies Schumacher bedauert: »Nach außen ist es ein herrliches Leben, du kannst dir alles kaufen, hast Geld genug. Doch das Familienleben leidet schon sehr unter dem Beruf des Mannes.« Ihr tut es weh, daß sie ihren Mann nie für sich allein hat (»wir können ja nicht mal in Ruhe spazierengehen«), und daß sie oft nicht weiß, ob sie nur als Frau Harald Schumacher für jemanden interessant ist oder eben als Marlies. Außerdem plagt sie oft die Eifersucht, weil der Toni ja doch dauernd unterwegs ist. Dabei weiß sie selbst: »Wenn er irgendwo im Trainingslager ist, läuft bestimmt nichts. Dazu ist der Harald viel zu sehr Profi.«
Das häufige Alleinsein hat auch Karin Overath viel zu schaffen gemacht. Als sie ihren Wolfgang kennenlernte, hat sie wohl gewußt, daß er Fußball spielte – in Siegburg. Einen 81fachen späteren Nationalspieler, hat sie in ihm allerdings nicht vermutet, sonst hätte sie sich die Sache vielleicht noch überlegt: »Ich bin sehr ungern allein. Und gerade, als die Kinder noch klein waren, schwirrte mein Mann ja oft genug in der Weltgeschichte herum. Wenn dann irgendeine Kindergarten- oder Schulveranstaltung war, wo alle anderen Eltern gemeinsam hingingen und ich stand immer allein da – da hatte ich schon oft Tränen in den Augen.«
Nur Annemarie Löhr hat da überhaupt keine Probleme: »Wenn der Hannes und ich dauernd zusammen wären, gäbe es Mord und Tot-

schlag. Ich versteh' die Frauen nicht, die immer jammern, wenn der Mann nicht da ist.« Der Gatte äußert sich zum gleichen Thema übrigens im gleichen Wortlaut. Deshalb ist Annemarie, trotz der kleinen Tochter Katrin, auch berufstätig. Sie besitzt eine Boutique, steht jeden Tag im Laden: »Da haben Hannes und ich uns abends immer was zu erzählen.«

Isis Schäfer hat früher am meisten gestört, daß sie »immer Rücksicht auf die Bedürfnisse des Vereins« nehmen mußte: »Samstag abends ins Kino, wenn der Hans sonntags spielen mußte? Um Gottes willen, so was war nicht drin.« Und damals gab es beim FC auch noch die (Un)-Sitte, Heiligabend ins Trainingslager zu gehen und Weihnachten und Silvester Freundschaftsspiele auszutragen.

Über diese Dinge haben sie sich nur geärgert – aber es gab auch Situationen, da haben die Frauen den Klub ihres Mannes gehaßt. Bei Isis Schäfer war das der Fall, als ihre damals sechsjährige Tochter Regina ins Krankenhaus mußte, während ihr Mann in Rom zu einem Spiel weilte. »Als ich versuchte, ihn dort ans Telefon zu bekommen, sagte mir doch ein Offizieller: Ist das denn so wichtig, daß Sie Ihren Mann deswegen stören müssen?« Regina lag tagelang auf der Intensivstation, aber ihren Vater zu bitten, heimzukommen und ihr in dieser Situation beizustehen – das hätte sich Isis Schäfer erst gar nicht getraut.

Und Marlies Schumacher hat den »FC verflucht, als mein Mann damals gegen Mannheim nicht spielen durfte. Da habe ich mir geschworen, zum FC gehst du nie wieder«. Sie tat es doch, denn »wenn der Harald sich mit denen wieder verträgt, warum soll ich es nicht tun«?

Das schlimmste für die Fußballer-Frauen, gerade für die der herausragenden Spieler, ist die Sorge um die Familie. Schon zu Schäfers Zeiten, als Entführungen noch nicht an der Tagesordnung waren, lebten die Kinder mit der dringenden Ermahnung, aufzupassen. Isis Schäfer: »Wir hatten damals gerade unsere Tankstelle eröffnet, und die Gefahr, daß sich Regina oder Steffi in ein fremdes Auto setzten, stand uns immer vor Augen.«

Bei Overaths waren die Bedrohungen schon konkreter: »Vor allem für Marco, unseren älteren, war es schlimm. Wir konnten ihn nie mit anderen Kindern unbeaufsichtigt spielen lassen. Meistens durfte er nur mit dem Großvater spazierengehen«, erinnert sich Mutter Karin.

Annemarie Löhr mußte bisher »nur« Angst um ihren Mann haben: »Er hatte telefonisch Morddrohungen bekommen, und die Polizei meinte, das sollten wir nicht auf die leichte Schulter nehmen. Als der Mann per Fangschaltung dann erwischt worden ist, hat der Hannes doch tatsächlich drauf bestanden, sich mit ihm zu unterhalten. Danach hat dieser die Sache bedauert und mir auch noch Blumen geschickt.«

Bei Schumachers ist es nicht bei den Drohungen geblieben. Die kleine Vanessa wurde am Geißbockheim in einer unbeobachteten Sekunde in ein Auto gezerrt, allerdings nach zwei Kilometern an der Straße wieder unbehelligt abgesetzt. Marlies: »In so einem Moment wirst du wahnsinnig, da bleibt dir das Herz stehen.« Und nur der Aufmerksamkeit der Lehrer ist es zu verdanken, daß Oliver nicht aus der Schule entführt wurde. Eine junge Frau hatte sich als Tonis Nichte ausgegeben und wollte den damals Sechsjährigen mitnehmen.

Im Kreise der übrigen Spielerfrauen werden solche Probleme kaum erörtert. Ja, früher, da hat man wenigstens noch zusammen gefeiert. »Doch«, so Isis Schäfer, »damals hatte ja auch fast keiner von uns ein Auto, das ihm am Trinken gehindert hätte. Es muß ja nicht gleich ein Gelage sein, aber ein Bier in geselliger Runde bringt eine Gruppe schon näher zusammen.«

Für Karin Overath gab es in der Anfangszeit noch ein paar lose Freundschaften, »da wurde dann meistens über die Kinder geredet«. Doch Marlies Schumacher hat inzwischen jede Bemühung um gemeinsame Kaffeekränzchen oder ähnliches aufgegeben. »Als der Harald damals Kapitän wurde, habe ich alle anderen Frauen zu mir nach Hause eingeladen. Aber die konnten überhaupt nichts miteinander anfangen. In meinem Wohnzimmer herrschte eine Stimmung wie beim Begräbnis.«

Freundschaften sind sowieso problematisch: Geraten sich die Männer auf dem Platz in die Haare, und das ist bei einer Mannschaftssportart nicht gerade unüblich, ist es meist auch mit der Beziehung der Frauen vorbei. Und das eine oder andere »Krösjen«, das ein Spieler mit der Frau eines anderen angezettelt hat, trägt auch nicht unbedingt zum Vertrauen untereinander bei. In der kleinen Welt des FC ist es halt auch nicht anders als bei »Dallas« oder als im richtigen Leben.

Über den Wert der Spielerfrauen – auch wenn sie im Klub nichts zu sagen haben – ist sich auch die Führung klar. Präsident Weiand hat gleich ein Beispiel parat: »Als der Preben Larsen noch jung war, fand man den öfter in Kneipen als beim Training. Erst, als er in feste Hände kam, wurde ein Riesenfußballspieler aus ihm.« Die Frau, die den Spieler von »der Straße« holt, die den Psychologen erspart und die dem Klub die Sorge um das seelische Wohl seines »Spielermaterials« abnimmt, ist hochwillkommen. Und das sicher nicht nur bei den Geißböcken.

Wenn die Frau aber anfängt, Arbeit zu machen und Geld zu kosten, läßt man sie lieber außen vor. Deshalb gibt's beim sicher nicht armen FC auch keine Damenfußballmannschaft. »Das scheitert schon daran, daß wir keine Umkleidemöglichkeiten für sie haben«, meint Präsident Weiand. In manchen Dingen kann der große 1. FC Köln mit dem SV Vogelsang oder Borussia Kalk eben doch nicht konkurrieren.

Und wann wird eine Frau endlich FC-Präsidentin? Peter Weiand: »Solange der Fußball so ist wie er ist – nie!«

Karl-Heinz Thielen

Die »Ware« Fußball muß von Profis im besten Sinne des Wortes betreut werden

Ich hab zwar keinen Koffer in Berlin, dafür aber gleich mehrere in einer stillen Ecke im Keller meines Hauses. Darin ruht – seit vielen Jahren nicht angetastet – meine sportliche Vergangenheit, wahllos und wetterfest.

Nicht daß ich mich ihrer schämen müßte, im Gegenteil. Ich habe im Trikot des 1. FC Köln viele schöne Erfolge errungen, habe dem Fußball im allgemeinen und meinem Klub im besonderen sehr viel zu verdanken. Ich habe die Welt gesehen und Menschen mit allen Hautfarben und Charaktereigenschaften kennengelernt. Aber ich denke, noch ist die Zeit nicht gekommen, um die Erinnerungen zu ordnen, die Souvenirs wie die Versatzstücke einer Karriere in der Rückblende einzurichten.

Nostalgie ist etwas Schönes, aber der heutige Fußball mit seinen Sorgen und Reizen hat ein Anrecht darauf, daß man sich seiner mit ganzer Kraft annimmt. Dieses Spiel, das Millionen verzaubert, das von der Rasanz des Kampfes Mann gegen Mann um den Ball, von taktischen Winkelzügen und technischen Feinheiten, von einfachen Regeln und begeisterten Zuschauern lebt, hat eine bessere Zukunft, als modische Miesmacher wahrhaben wollen.

Freilich, Voraussetzung ist, daß die »Ware« Fußball von Profis im be-

sten Sinne des Wortes, von Menschen, die ihre Aufgabe optimal zu erfüllen verstehen, betreut wird. Der Sport braucht Spezialisten, sonst hilft ihm die beste Spannung auf die Dauer nicht weiter.
In Europa hat der Fußball eine lange Tradition, aus der er auch einen Teil der Kraft bezieht, immer wieder auftauchende Schwierigkeiten zu überwinden. Die internationalen Wettbewerbe um die verschiedenen Europa-Pokale haben die Landesgrenzen gesprengt, haben dem Spiel und den Spielern neue Dimensionen verliehen. Zahllos sind die Dramen, aber auch die Fußballfeste auf dem grünen Rasen, zahllos aber auch die Anekdoten, an denen sich die Begeisterung der Fans entzündet hat. Wir Fußballer haben nach meiner Meinung einiges dazu getan, daß sich die Europäer nähergekommen sind.
Wir, beim 1. FC Köln, waren immer stolz, daß wir Gäste aus aller Welt bei uns im Stadion zu Gast hatten, wir haben Maßstäbe gesetzt für die Internationalität des Fußballs. Wir sind auch heute noch überall gern gesehen, bei Freundschaftsturnieren ist unsere Mannschaft so gefragt wie allenfalls noch die Münchener Bayern.
Ich habe viele dieser packenden Partien miterlebt, als Aktiver, später als Manager, dann als Vorstandsmitglied. 1962, ein Jahr bevor die Bundesliga eingeführt wurde, hatten wir gegen den schottischen Titelträger FC Dundee im Meisterpokal anzutreten. Wir verloren bekanntlich das Hinspiel mit 1:8, eine Katastrophe, die nur dadurch erklärbar war, daß wir schon nach fünf Minuten unseren Torwart Fritz Ewert durch einen gegnerischen Tritt an den Kopf verloren.
Für das Rückspiel in Müngersdorf war Revanche angesagt. Trotz dieses deprimierenden Rückstands glaubten wir an unsere Chance.
War es eine höhere Fügung oder ausgleichende Gerechtigkeit?
Auch der schottische Keeper mußte schon bald am Kopf verletzt ausscheiden. Unser damaliger Vereinsarzt, Dr. Peter Bohne, nahm sich seiner an und behandelte ihn in der Kabine. Der Doktor nahm seine medizinische Aufgabe so ernst, daß der gute Mann eine halbe Stunde vor dem Abpfiff mit einem Turban aus Mull und Binden in sein Gehäuse zurückkehrte und fortan wie weiland der »Fußball-Gott« Toni Turek alles hielt, was zu halten war. Wir schieden trotz eines 4:0-Sieges aus, und Hans Schäfer war über die selbstlose ärztliche Hilfe so erbost, daß er immer wieder vorwurfsvoll fragte: »Mit welchen Amateuren habe ich es hier nur zu tun . . .?«

Oben: Was steht in der Zeitung? Karl-Heinz Thielen zusammen mit den Meisterspielern von 1964 Fritz Ewert und Helmut Benthaus

Unten: Karl-Heinz Thielen als Flügelstürmer im Duell mit Rolf Schafstall, dem heutigen Trainer des VFL Bochum

Ich bin noch heute der Meinung, daß unser damaliges Team das stärkste war, was der 1. FC Köln je auf die Beine gebracht hat. Und ich gehörte dazu. An eine solche Entwicklung hätte ich im Traume nicht gedacht, als ich – eigentlich per Zufall – zu den »Geißböcken« stieß. 19 Jahre war ich damals alt, spielte in der Jugend und kurze Zeit auch in der 1. Mannschaft beim TSV Rodenkirchen. Ich ging noch zur Schule, ins Gymnasium Kreuzgasse. Als ich ein paar neue Fußballschuhe brauchte und dafür kein Geld hatte, wollte sie mir der damalige Vorsitzende bezahlen, was erst den Neid und dann den Protest einiger Mitspieler hervorrief.
Paul Eich, in jenen Jahren der Libero der FC-Amateure, stammte aus unserem Nachbarort Weiß und hörte von meinen Problemen. Er stellte die Kontakte zum FC her. Als ich das Dreß mit dem springenden Geißbock erstmals überstreifte, durfte ich auf einem Aschenplatz in der 2. Amateurelf gegen Tura 10 mitmachen. Nach 20 Minuten stand es 4:0 für uns und ich, der Neuling, hatte alle vier Tore erzielt.
Betreuer »King« Schäfer holte mich nach dem vierten Treffer vom Feld. Ich war enttäuscht, dann aber begeistert, denn ein paar Stunden später sollte ich in der 1. Amateurmannschaft antreten. Beim Blau-Weiß-Turnier gewannen wir gegen Rot-Weiß Zollstock mit 7:2, und diesmal traf ich gleich fünfmal ins Schwarze.
Das war 1959, und den Herren Beobachtern am Rande, dem mächtigen Präsidenten Franz Kremer und Hans Schäfer, dem Weltmeister von 1954, muß es ordentlich imponiert haben, was dieser junge Mann namens Thielen da veranstaltete. Noch an diesem Abend bot mir der »Boß« einen Profi-Vertrag an, der mit 400 Mark monatlich plus Prämien ausgestattet war. Dem TSV Rodenkirchen aber schenkte der 1. FC Köln Jahre später eine kleine Flutlichtanlage.
400 Mark waren in jenen Zeiten viel Geld, heute bemüht sich kein Spieler der ersten Garde, der auf sich hält, für diese Summe zu einer Autogrammstunde. Als Student der Wirtschaftswissenschaft war ich auf jeden Pfennig angewiesen. Ich habe mein Studium mit dem Examen als Diplom-Kaufmann abgeschlossen und gleichzeitig berufsmäßig Fußball gespielt. Ich denke, daß man auch jetzt noch als junger Mann eine solche Kombination schaffen kann, wenn man es nur unbedingt will und richtig einteilt.
Meine sportliche Bilanz beim FC: 518 Spiele, über 400 Tore. Einmal

habe ich in der Bundesliga fünf in einem Spiel erzielt – im Dezember 1963 gegen den 1. FC Kaiserslautern. Zwei in der ersten und drei in der zweiten Halbzeit. Stürmische Zeiten waren das in der Rechtsaußen-Position. 1967, nach einer Meniskusoperation, stellte mich Trainer »Fischken« Multhaup in die Verteidigung. Ich war zu der Zeit Mannschaftskapitän, als der 1. FC Köln 1968 zum erstenmal Deutscher Pokalsieger wurde. Abwehrspieler blieb ich bis 1972, als ich die Kabine gegen das Geschäftszimmer tauschte und meine Manager-Laufbahn begann.
Als Spieler hatte mir vor allem der jugoslawische Trainer »Tschik« Cajkovski mit seinem unglaublichen Optimismus, den er auf seine Schützlinge zu übertragen wußte, imponiert. Als Manager hat mich vor allem Trainer Hennes Weisweiler mit seiner durch nichts zu beugenden Unerschütterlichkeit beeindruckt, mit der er seine einmal als richtig erkannten Ziele konsequent verfolgte.
Auf sein Betreiben hin bemühten wir uns 1979 um den englischen Nationalspieler Tony Woodcock, der zuvor kräftig im Dreß des englischen Meisters Nottingham Forest geholfen hatte, unsere Mannschaft im Europacup-Halbfinale auszuschalten. Tony mußte aus einem laufenden Vertrag losgekauft werden. Dreimal war ich damals zu Verhandlungen in England, einmal zusammen mit Präsident Weiand, dann war der Transfer mit der Rekordablösesumme von 2,5 Millionen Mark unter Dach und Fach.
Ich muß sagen, daß mich dieser Vorgang nervlich sehr strapaziert hat. Obwohl ich genau wußte, daß wir bei der Sache nichts verlieren konnten, weil wir die Gewißheit hatten, Woodcock wieder zu dem gleichen Preis abgeben zu können, war ich innerlich sehr unruhig. Erstmals schienen wir von unserer Linie der Vernunft abgegangen zu sein, von dem Prinzip, wirtschaftlich nicht über unsere Verhältnisse zu leben.
Als Woodcock drei Jahre später wieder auf die Insel in seine Heimat – zu Arsenal London – zurückkehrte, erhielten wir unser Geld zurück.
Ein zweiter interessanter Spieler-Transfer aus dem Mutterland des Fußballs, den wir 1984 ansteuerten, ließ sich zwar zunächst ebenso gut an, kam dann aber doch nicht zustande. Der schottische Nationalspieler Gordon Strachan vom Europacup-Sieger FC Aberdeen unterschrieb zwar zunächst einen Vertrag bei uns, ließ sich dann aber beschwatzen und wechselte zu Manchester United. Ihn hatte wohl die

Angst vor der ungewohnten Umgebung auf dem Kontinent, aber auch vor der Sprachbarriere gepackt.

Eine Transfersumme von einer Million an aufwärts plus den Erlös von Freundschaftsspielen hatten wir dem FC Aberdeen geboten. Es half nichts, die Schotten rechneten sich bei ihren englischen Nachbarn mehr aus und rieten dem Spieler ab, dem ich zum Abschied – sozusagen als moralische Spritze – einen Fotoband von Köln schenkte, um ihm bildlich vor Augen zu führen, auf was er – entgegen dem Rat seiner Frau – zaghaft verzichtete.

Erfolg, das hat für mich als Manager auch immer geheißen, Spieler zu verpflichten und wieder zu verkaufen, die den Klub am Leben gehalten haben. Er wäre längst mausetot, müßte er nur von den Zuschauereinnahmen existieren. Die Liste derer, die ich da aufführen kann, ist ellenlang: Thomas Kroth und Dieter Müller, Gerd Strack und Jürgen Mohr, Frank Hartmann und Herbert Zimmermann. Oder Preben Elkjaer Larsen, heute in Verona, Italien. Er war der erste und einzige Spieler, der bei der Vertragsunterzeichnung im Beisein von H. Weisweiler eine Zigarette rauchte. Mit 18 Jahren! Wir haben das Tauziehen mit Borussia Mönchengladbach um Bernd Schuster gewonnen. Er brachte uns, bei seinem Wechsel zum FC Barcelona, 3,6 Millionen Mark ein. Und Pierre Littbarski konnte ich 1978 für 32 000 Mark von Hertha Zehlendorf an den Rhein, holen. Als Hennes Weisweiler, der damals gerade die Weltmeisterschaft in Argentinien beobachtete, telefonisch von dem Transfer erfuhr, kommentierte er trocken: »Wenn's ein Stürmer ist, na gut!« Und was für einer er werden sollte.

Die Umstände dieses faszinierenden Spiels mit dem Lederball haben sich immer wieder geändert. Geblieben sind die Emotionen des Publikums, die Ausstrahlung auf die Fans bleibt ungebrochen. Ich bin Optimist, der Fußball wird immer seine Zuschauer haben. Er braucht sie, sie brauchen ihn, um zu triumphieren oder zu trauern, sich zu ärgern oder zu jubilieren.

Eines Tages werde ich in meinen Keller steigen, um endlich Ordnung in meiner Vergangenheit zu schaffen. Dann werde ich auch Zeit haben für mein Schachspiel, für meine Hobbys und die vielen noch ungelesenen Bücher in meinem Bücherschrank. Nur, so bald sollte es möglichst noch nicht sein . . .

Was bringt die Zukunft?
Karl-Heinz Thielen – Vizepräsident und Schatzmeister des 1. FC Köln

Krawalle?

Was der 1. FC Köln gegen das Rowdytum tut, welche Konsequenzen er aus der »Blutnacht von Brüssel« gezogen hat, erklärte Hans-Gerhard König, 28 Jahre Stadionsprecher im Müngersdorfer Stadion.

Viel öfter als um die Zugehörigkeit zur obersten Fußballklasse, die seit 1949 nur einmal – am Ende der Bundesliga-Saison 1968/69 – in Gefahr geriet, hat sich der 1. FC Köln um seine Zuschauer sorgen müssen. Um ihre Zahl und um ihr Verhalten.

Schon nach dem Gewinn der ersten von bisher drei Deutschen Meisterschaften, am 13. Mai 1962, erkannte Franz Kremer, daß das Kölner Fußball-Publikum bei Erfolgen außergewöhnlich begeisterungsfähig, bei Mißerfolgen aber auch ebenso schnell enttäuscht ist und entsprechend reagiert.

Franz Kremer gab diese Beurteilung kölschen Zuschauerverhaltens auf dem damals von jubelnden Menschen überfüllten Kölner Neumarkt. In typisch rheinischer Meisterschaftseuphorie ging die Publikumsschelte unter, als zukunftsorientierte Aussage verstand sie damals niemand.

Auch Franz Kremer, einer der Väter der Bundesliga, ahnte nicht, welche Sorgen ihr vor allem von den heranwachsenden Söhnen einmal gemacht werden sollten. Sicherheitsvorkehrungen oder Rowdybekämpfung gehörten in den ersten Bundesligajahren nicht zu den brennenden Themen. Es mußten zwar in eigenen oder städtischen Stadien Schutzzäune errichtet werden, doch wurde über diese zunächst nur gewitzelt. Sollten die Zäune Spieler vor Zuschauern oder Zuschauer vor Spielern schützen? Ganz ernst nahm das damals niemand, denn Zwischenfälle gab es so gut wie nie. Die Fußballwelt war noch heil.

Die Domstadt tat sich in der Bewältigung der Stadionprobleme schwer. Ausgerechnet der 1. FC Köln, der beim Bundesliga-Start 1963 allen Mitbewerbern weit voraus war, mußte sich lange Zeit mit aus heutiger Sicht gefährlichen Stadion-Provisorien begnügen.

Zunächst wurde in der alten Hauptkampfbahn des 1923 erbauten Müngersdorfer Stadions, dessen Fassungsvermögen durch eine alles andere als einladende Holztribüne auf Bundesliga-Format gebracht wurde, gespielt. Später, in der Radrennbahn, kam es noch schlimmer:

Kaum mehr als 22 000 Zuschauern wurden zum Teil schlechte, für heutige Ansprüche völlig unzumutbare Platz- und Sichtverhältnisse angeboten.
Nie und nimmer würden Sicherheitsexperten oder Untersuchungskommissionen heute nach schlimmen Erfahrungen und Ereignissen noch ihre Genehmigung geben, unter ähnlichen Voraussetzungen Bundesliga-Spiele auszutragen.
Nach dem Umzug in die neue, auf ein Fassungsvermögen von 61 000 Zuschauern erweiterte Müngersdorfer Hauptkampfbahn erkannte man in Köln sehr schnell die Gefahren sich ausbreitender Ausschreitungen meist jugendlicher Zuschauer. Sie »besetzten« sofort die Südkurve und einige unter ihnen machen von dort dem Veranstalter und dem Ordnungsdienst seither das Leben schwer.
Schon Anfang der siebziger Jahre machte der 1. FC Köln die ersten Schritte in die richtige Richtung. Er suchte das Gespräch mit jugendlichen Zuschauern, ließ Schülermannschaften in seinem Sportpark spielen, lud Schulklassen und Jugendmannschaften ins Stadion ein und inszenierte im Geißbockheim einen Fanabend.
Ein Anfang, ein Versuch, dem Neuauflagen nur selten folgten. Krawalle beschäftigten Vereine und Verbände meistens nur dann, wenn es irgendwo Randale gegeben hatte. Mit Schuldzuweisungen war man schnell zur Hand, Verantwortung wurde hin und her geschoben, die Verbände verhängten Strafen, die Vereine fühlten sich verlassen.
Der 1. FC Köln gab den Anstoß, mit anderen Bundesligisten zum Erfahrungs- und Gedankenaustausch zu kommen, eine nützliche Entwicklung, die nur schwer in Gang kam. »Nur zwei von siebzehn angesprochenen Vereinen haben damals überhaupt reagiert«, wundert man sich im Geißbock-Klub noch heute darüber, daß die Bedrohung durch das Rowdytum vielerorts sehr spät, mancherorts sogar zu spät erkannt wurde.
Über die Aufgabenstellung und Verantwortlichkeit der Polizei in den Stadien gibt es noch immer unterschiedliche Auffassungen und entsprechend verschiedene Vorgehensweisen. In anderen Bundesliga-Städten und bei Seminaren von Polizei- und Fußball-Führungskräften wurde gelegentlich anerkennend vom »Kölner Modell« gesprochen. In der Domstadt war es gelungen, zwischen Verein, Sport- und Bäderamt, Polizei und Ordnungsdienst eine funktionierende Zusammenar-

beit zur wirksamen Vorbeugung und Abwehr von Krawallszenen zu entwickeln. Dabei kam dem 1. FC Köln vielleicht auch zugute, daß die Verantwortlichen der Polizei und der Stadionverwaltung Freunde des Fußballsportes sind. Im Kölner Klubvorstand verweist man aber mit etwas Stolz darauf, sich nicht nur auf andere verlassen, sondern immer wieder auch eigene Initiativen ergriffen zu haben.

Im Geißbockheim trafen sich vor einiger Zeit die Stadionsprecher aller Bundesliga-Vereine. Ihnen fällt eine besondere, im Laufe der Jahre und der Entwicklung erweiterte Aufgabe zu, die über die Bekanntgabe von Mannschaftsaufstellungen, Spielständen und Werbedurchsagen hinausgeht. Bei brisanten Spielen sitzt im Müngersdorfer Stadion der Sprecher der Gastmannschaft mit am Mikrophon, um im Ernstfall auf »seine« Fans einzureden.

Natürlich weiß man auch in Köln, daß allein mit guten Worten Schlimmes nicht zu verhindern ist. Ein gut funktionierender, personell ausreichend besetzter, technisch modern ausgerüsteter und durch Schulungen auf seine Aufgaben vorbereiteter Ordnungsdienst ist unerläßlich. Die dafür von den Vereinen aufzubringenden Geldmittel sind erheblich, doch der Wunsch nach Sicherheit hat früher gelegentlich vorherrschendes Spardenken längst überholt.

Nicht erst nach Brüssel, aber nach den blutigen Ereignissen in der belgischen Hauptstadt noch häufiger und intensiver als früher, erfolgen in Köln und sicher auch anderswo Überprüfung und Koordinierung aller bewährten und neuen Sicherheitsmaßnahmen. Sie sind in Köln in einem Katalog zusammengefaßt und werden besonders vor großen Spielen noch einmal abgesprochen und »durchgespielt«.

Dazu gehören die Aufteilung der Fangruppen in unterschiedliche Stadionblöcke, ausreichende Informationsmöglichkeiten für auswärtige und ausländische Besucher, die durch Handzettel, Ansagen und Hinweise auf Anzeigetafeln in ihrer Landessprache angesprochen werden. Ein allgemeiner Treffpunkt hat sich für ortsunkundige Stadionbesucher als nützlich erwiesen.

Um einer Überfüllung auf Stehplatzrängen vorzubeugen und gefährliches Gedränge zu verhindern, verzichtet man beim 1. FC Köln schon seit einigen Jahren auf den Verkauf von etwa 1500 Eintrittskarten, bleibt freiwillig unter dem amtlich festgesetzten Fassungsvermögen und nimmt Einnahmeverluste in Kauf.

Auf die Aussetzung von Prämien für die Ergreifung von Randalierern hat man in Köln bisher verzichtet. Über den Umgang mit Fans gibt es in der Bundesliga von jeher unterschiedliche Auffassungen und Erfahrungen. In Köln glaubte man einige Zeit gute Gründe für eine gewisse Distanz zu Fanclubs zu haben. Nach Brüssel suchte man die Kontakte zu zahlreichen und weit verstreuten Fanclubs. Es gab Gespräche und Absichtserklärungen, weitere Aktivitäten folgen zu lassen. Eine Fanecke ist zu einem festen Bestandteil der Stadionzeitung geworden. Ein Fan-Beauftragter betätigt sich als Kontakter zwischen Club und Fans und benennt zu jedem Spiel einen meist jugendlichen Gast für die Sprecherkabine. Durch Gespräche, Kontakte und Hintergrundinformationen hofft man, mehr Verständnis und Besonnenheit bei den Fans zu erreichen.

Es bleibt abzuwarten, welche Erfolge sich einstellen werden und wie lange sie anhalten. Befürchtungen, daß der »harte Kern«, die vorsätzlichen Krawallmacher, durch noch so gutwillige und gezielte Maßnahmen des Vereins nicht erreicht werden, sind nicht von der Hand zu weisen. Der Alkohol spielt dabei fast immer eine gewisse Rolle.

Auf den Alkoholverkauf in deutschen Fußballstadien haben die alarmierenden Geschehnisse von Brüssel Ende Mai 1985 am schnellsten und konsequentesten eingewirkt. Debattiert wurde darüber schon früher, doch bestehende Verträge zwischen den Städten als Stadioneigentümern und Bewirtschaftungsunternehmen, also auch mit Brauereien, verhinderten lange die totale Abschaffung des Alkoholverkaufs. Diese Hindernisse wurden jetzt überwunden und inzwischen in fast allen Stadien ein generelles Verbot durchgesetzt. Die Zustimmung ist groß, Pessimisten fürchten allerdings, daß zukünftig mehr Alkohol vor den Spielen und vor den Stadien angeboten und konsumiert wird, so daß auch diese Maßnahme letztlich nicht voll greifen kann und die Probleme nicht vollends löst.

Bei allen Vorsichtsmaßnahmen darf der Freizeitwert des Fußballs nicht übersehen werden. Verständlich ist daher auch, daß erwachsene und maßvolle Biertrinker nur ungern einverstanden waren.

FC-Präsident Peter Weiand hätte von Anfang an lieber gesehen, das Müngersdorfer Stadion wäre nur mit Sitzplätzen ausgestattet worden. »Sitzende Zuschauer randalieren nicht oder weit weniger als Besucher

auf Stehplätzen, die sich zudem in den ihnen zugewiesenen Blöcken zweitklassig vorkommen, was neue Aggressionen weckt.«
Eindeutig ist, daß ohne Polizeieinsatz und ohne Polizeischutz Fußball-Großveranstaltungen nicht mehr denkbar und nicht mehr durchführbar sind. Hausverbote haben größere Wirkung gezeigt, als erwartet wurde. Eine schnellere und strengere Bestrafung gefaßter Übel- und Gewalttäter ist wünschenswert.
Es wäre leichtfertig und falsch, die Fußballvereine für Krawalle alleine verantwortlich zu machen und sie in ihrem erkennbar größer gewordenen Bemühen, Ausschreitungen zu verhindern, nicht in noch stärkerem Maße als bisher mit allen Mitteln und Möglichkeiten zu unterstützen.
An die Hauptdarsteller der Fußballszene gilt der Appell, durch ihr Verhalten auf das Publikum positiver als bisher einzuwirken. Rüde Spielweise, drohende Gebärden und Gesten von Spielern und Trainern, provozierendes Auftreten und Agieren von Schiedsrichtern und das Anheizen der Stimmung vor und nach den Spielen durch überpointierte Aussagen haben schon oft böse Folgen gehabt. Der Erziehungsprozeß muß nach innen und außen fortgesetzt und vorangetrieben werden.
Fast jeden Tag könnten, müßten die Medien ihren positiven Einfluß geltend machen. Weder sensationell aufgemachte Berichterstattung noch eine Verharmlosung dient der Lösung des inzwischen weltweiten und keineswegs nur auf den Fußball begrenzten Problems Rowdytum.
Ausgesprochen schädlich ist jede Art von scheinheiligem Entsetzen. Es ist Mode geworden, daß Journalisten und Reporter ihr Befremden mit oft scharfen Formulierungen bekunden, ohne zu merken, daß sie durch Art und Umfang der Berichterstattung den Randalierern einen größeren Dienst erweisen als den Vereinen.
Problematisch sind meines Erachtens auch die Veröffentlichungen der Stiftung Warentest, die unmittelbar nach Beginn der Saison 1985/86 präsentiert wurden. Kaum ein Stadion erhielt einen uneingeschränkten Sicherheitsvermerk, fast alle Stadionverwaltungen haben die Kritikpunkte ganz oder teilweise zurückgewiesen.
Das Müngersdorfer Stadion erhielt das Gesamturteil »bedenklich«. Das Kölner Sport- und Bäderamt kam nach gewissenhafter Überprü-

fung der Beanstandungen zu dem Ergebnis, »daß die Veröffentlichungen über das Müngersdorfer Stadion in wesentlichen Punkten falsch sind«.
Gleichwohl wurde untersucht, »ob aufgrund der baulichen Gegebenheiten die Möglichkeit besteht, einen Fluchtweg nach vorn zum Spielfeld hin zu schaffen oder ob andere zusätzliche Fluchtwege eröffnet werden können«.
Auch der 1. FC Köln hat seine Bemühungen weiter intensiviert und ebenfalls »die Flucht nach vorn« angetreten. In seinem Sportbeirat, in dem die verschiedenen Aufgabenbereiche verteilt sind, gibt es seit kurzem einen offiziellen »Sicherheitsbeauftragten«. Die Wahl fiel auf einen, der sich schon vor Jahren um das »Kölner Modell« verdient machte, Polizeioberrat Harald Meyer. Er versieht seinen Polizeidienst in Siegburg, beim 1. FC Köln soll er als ehrenamtlicher Funktionär mit dafür sorgen, daß im Müngersdorfer Stadion alles funktioniert.

Anhang

Die FC-Superteams

Die Mannschaft der Besten von 1948 bis ca. 1966

Frans de Munck

Georg Stollenwerk

Karl-Heinz Schnellinger

Paul Mebus

Leo Wilden

Hansi Sturm

Jupp Röhrig

Karl-Heinz Thielen

Hans Schäfer

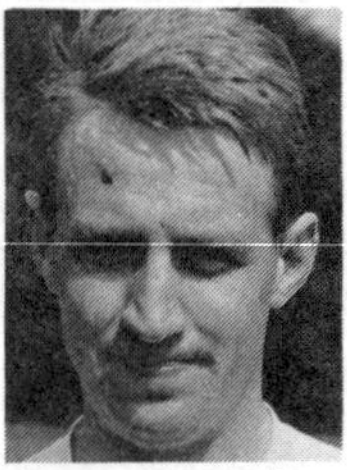
Christian Müller

Heinz Hornig

Die Mannschaft der Besten von ca. 1966 bis 1986

Toni Schumacher

Harald Konopka

Wolfgang Weber

Bernd Cullmann

Herbert Zimmermann

Heinz Flohe

Bernd Schuster

Wolfgang Overath

Pierre Littbarski

Hannes Löhr

Klaus Allofs

Die Erfolgstafel des 1. FC Köln

1983 Deutscher Pokalsieger
1982 Deutscher Vizemeister
1978 Deutscher Meister
Deutscher Pokalsieger
1977 Deutscher Pokalsieger
Mittelrheinmeister (Amateure)
1973 Deutscher Vizemeister
Deutscher Vizepokalsieger
1971 Deutscher Jugendmeister
Deutscher Vizepokalsieger
1970 Deutscher Vizepokalsieger
1968 Deutscher Pokalsieger
Westdeutscher Jugendmeister
1967 Mittelrheinmeister (Amateure)
1965 Deutscher Vizemeister
Westdeutscher Jugendmeister
Mittelrheinmeister (Amateure)
1964 Deutscher Meister
Westdeutscher Pokalsieger
Westdeutscher Jugendmeister
1963 Deutscher Vizemeister
Westdeutscher Meister
1962 Deutscher Meister
Westdeutscher Meister
1961 Westdeutscher Meister
1960 Deutscher Vizemeister
Westdeutscher Meister
1959 Westdeutscher Vizemeister
1958 Westdeutscher Vizemeister
1954 Westdeutscher Meister
Deutscher Vizepokalmeister

1953 Westdeutscher Pokalsieger
Westdeutscher Vizemeister
1949 Mittelrheinmeister
Aufstieg in die 1. Liga West

Die großen FC-Mannschaften

Die erste FC-Mannschaft (8:2 gegen Nippes 12) 15. Februar 1948
Nelles; Langen, Hungs; Weisweiler, Szilynski, Ernst Moog; Radant, Alexius, Faber, Weyer, Liponer

Aufstieg zur Oberliga (3:1 gegen Bayer Leverkusen) 1949
Nelles; Langen, Ernst Moog; Nußbaum, Weisweiler, Weyer; Radant, Alexius, Faber, Schäfer, Graf

Westmeister 1954
de Munck; Langen, Graf; Mebus, Hartmann, Röhrig; Breuer (für Müller), Stollenwerk, Nordmann, Dörner, Schäfer

Erstes Deutsches Endspiel (2:3 gegen den HSV) 1960
Ewert; Stollenwerk, Schnellinger; Röhrig, Wilden, Sturm; Rahn, Breuer, Müller, Schäfer, Thielen

Erste Deutsche Meisterschaft (4:0 gegen den 1. FC Nürnberg) 1962
Ewert; Pott, Schnellinger; Hemmersbach, Wilden, Sturm; Thielen, Habig, Müller, Schäfer, Breuer

Deutscher Meister 1964
Ewert (Schumacher); Pott, Regh (Hemmersbach); Benthaus, Wilden, Sturm (Weber); Thielen, Schäfer, Müller, Overath, Hornig (Ripkens)

Deutscher Pokalsieger (4:1 gegen den VfL Bochum) 1968
Soskic; Pott, Hemmersbach; Flohe, Weber, Thielen; Rühl, Simmet, Löhr, Overath, Hornig

Deutscher Pokalsieger (1:1 nach Verl. und 1:0 gewonnen, gegen Hertha BSC) 1977
Schumacher, Konopka, Zimmermann, Gerber, Strack, Simmet – van Gool, Flohe, Dieter Müller, Overath (Neumann, Cullmann), Löhr (Larsen)

Deutscher Pokalsieger (2:0 gegen Fortuna Düsseldorf) 1978
Schumacher – Konopka, Zimmermann, Strack, Gerber, Cullmann, van Gool, Neumann, Dieter Müller, Flohe, Okudera

Deutscher Meister 1978
Schumacher – Konopka (Hein), Zimmermann (Nicot), Strack, Gerber, Cullmann (Simmet, Glowacz), van Gool, Neumann, D. Müller, Flohe, Okudera (Prestin, Willmer, Löhr)

Deutscher Pokalsieger (1:0 gegen Fortuna Köln) 1983
Schumacher – Prestin, Strack, Steiner, Zimmermann, Konopka (Willmer), Neumann, Engels, Littbarski, Fischer, Klaus Allofs (Hartmann)

Die Nationalspieler des 1. FC Köln
32 Spieler – 569 Berufungen

Overath	81	Schuster	10
Schumacher	65	Strack	10
Weber	53	Engels	8
Cullmann	40	Hornig	7
Flohe	39	Rahn	6*
Schäfer	39	Mebus	5*
Littbarski	38	Ewert	4
Schnellinger	24*	Pott	3
Löhr	20	Sturm	3
Stollenwerk	19*	Bonhof	2*
Allofs	16*	Dörner	2
Fischer	15*	Kapellmann	2*
Wilden	15	Konopka	2
Zimmermann	14	Manglitz	2
D. Müller	12	Thielen	2
Röhrig	12	Neumann	1

* Spiele für andere Vereine unberücksichtigt

(Stand: 1. März 1986)

Die Plazierungen des 1. FC Köln in der Oberliga West und in der Bundesliga

Oberliga West

Jahr	Platz	Punkte	Tore
1949/50	5.	37:23	61:39
1950/51	4.	38:22	60:31
1951/52	5.	33:27	57:40
1952/53	2.	43:17	86:42
1953/54	1.	41:19	83:43
1954/55	8.	29:31	60:55
1955/56	7.	32:28	59:48
1956/57	3.	39:21	67:50
1957/58	2.	40:20	74:45
1958/59	2.	39:21	60:35
1959/60	1.	44:16	85:39
1960/61	1.	41:18	79:33
1961/62	1.	44:16	89:40
1962/63	1.	42:18	66:57

Bundesliga

Jahr	Platz	Punkte	Tore
1963/64	1.	45:15	78:40
1964/65	2.	38:22	66:45
1965/66	5.	44:24	74:41
1966/67	7.	37:31	48:48

1967/68	4.	38:30	68:52
1968/69	13.	32:36	47:56
1969/70	4.	43:25	83:38
1970/71	11.	33:35	46:56
1971/72	4.	43:25	64:44
1972/73	2.	43:25	66:51
1973/74	5.	39:29	69:56
1974/75	5.	41:27	77:51
1975/76	4.	39:29	62:45
1976/77	5.	40:28	83:61
1977/78	1.	48:20	86:41
1978/79	6.	38:30	55:47
1979/80	5.	37:31	72:55
1980/81	8.	34:34	54:55
1981/82	2.	45:23	72:38
1982/83	5.	43:25	69:42
1983/84	6.	38:30	70:57
1984/85	3.	40:20	69:66

Die Führungsgremien des 1. FC Köln

(Stand März 1986)

Verwaltungsrat

Ferdinand Mülhens (Vorsitzender)
Dr. Heinz Ahlfeld
Egidius Braun
Karl Fischermanns
Klaus Hartmann
Dr. Günter Heidecke

Dr. Rudolf Jansen
Oskar Maaß
Friedrich B. Roesch
Anton Weiler
Dr. Bernhard Worms

Vorstand

Peter Weiand (Präsident)
Karl-Heinz Thielen
(Vizepräsident und Schatzmeister)
Bernd Schäfer
(Vorsitzender des Sportbeirates)
Michael Meier
(Geschäftsführendes Vorstandsmitglied)

Sportbeirat

Bernd Schäfer (Vorsitzender)
Franz Derigs
Heinz Gengler
Heinz Hofmann
Martin Jansen
Bernd Johannwerner
Werner Magierski
Werner Müller
Kurt Nietzel
Herbert Noack
Hartmut Rathke
Toni Wipperfürth

Ehrenrat

Dr. Albert Luberichs
Bernd Krükel
Adam Osterspey
Josef Röhrig
Willi Stahl
Fritz Widdig

Der 1. FC Köln beim Start in die Saison 1985/86

v. l. hintere Reihe
Uwe Bein, Karl-Heinz Geils, Ralf Geilenkirchen, Jimmy Hartwig, Michel van de Korput, Stefan Engels, Mathias Hönerbach.
v. l. mittlere Reihe
Trainer Hannes Löhr, Co-Trainer Christoph Daum, Detlev Dezelak, Paul Steiner, Norbert Dickel, Heinz Rother, Andreas Gielchen, Armin Görgens, Olaf Janßen, Hans-Peter Lehnhoff, Konditionstrainer Rolf Herings, Masseur Jürgen Schäfer.
v. l. vordere Reihe
Pierre Littbarski, Klaus Allofs, Dieter Prestin, Bodo Illgner, Toni Schumacher, Michael Nissl, Thomas Hässler, Vincent Mennie, David Pisanti